**알아두면 쓸모 있는
모양 잡학사전**

익숙한 모양에 숨은 디자인 이야기

알아두면
쓸모 있는
모양 잡학사전

지적생활추적광 지음
오정화 옮김

유엑스리뷰

'모양'을 통해 세상을 바라보다!

매일 사용하고 있는 동전이 왜 동그란 모양인지, 손수건은 왜 정사각형 모양인지, 대답할 수 있는 사람은 많지 않을 것이다. 이 책은 일상에서 흔히 접할 수 있는 물건이나 상품, 기업의 로고, 기호, 간판, 음식, 건물 등의 '모양'이 만들어진 과정을 간략하게 소개한다.

예를 들어 이쑤시개에 새겨진 홈의 역할이나 애플의 로고가 한 입 베어 문 사과인 이유, 배수관이 S자로 구부러진 이유 등 평소에는 크게 관심 가지지 않았던 것들에 눈을 돌려보면 생각지 못한 의외의 역사나 개발의 비화, 혹은 그 모양에 담긴 사명 등 세상의 이면을 들여다볼 수 있다. 이 책을 통해 어른도, 아이도, 읽으면 쓸모 있는 지혜와 연구가 가득한 세계를 마음껏 맛볼 수 있었으면 좋겠다.

지적생활추적광

차례

'모양'을 통해 세상을 바라보다!

**1장
그 상품, 그 로고,
　　그 기업의 모양 이야기**

2장

익숙하고 낯선 **모양**들의

이유 있는 이야기

3장

세계를 움직이는 **모양**과
세계를 바꾼 **모양** 이야기

4장

알고 보면 놀라고 모르고 봐도

놀라는 **모양** 이야기

5장

모양으로 읽는 흔하지만
특별한 세상 이야기

그 상품, 그 로고,
그 기업의 모양 이야기

✿ 이 크기에 이 모양!
새우깡은 다 이유가 있다

한국에 새우깡이 있다면 일본에는 '갓파에비센'이 있다. 일본의 과자 제조업체 가루비의 제품으로 연 매출 100억 엔(약 1050억 원)을 자랑하는, 일본인이라면 누구나 알고 있는 과자 중 하나다. 이 과자에는 맛과 모양에 담긴 비밀이 있다. 가루비는 '먹고 또 먹고 싶은 맛'을 내기 위해 끊임없이 연구했고, 그 결과 가장 먼저 과자의 크기에 주목했다.

갓파에비센은 한 개에 5cm로 길이가 정확하게 정해져 있다. 이는 바삭바삭하게 씹히면서 입에 넣으면 너무 길지도, 너무 짧지도 않아 바로 또 한 개를 연달아 먹게 되는 크기라고 한다. 마찬가지로 과자 표면의 홈에도 비밀이 있다. 과자 하나의 표면에는 약 10개 정도의 홈이 파여 있는데, 여기에 소금 분자가 깊숙이 들어가 더 풍부한 맛이 났다.

갓파에비센은 1964년에 발매된 이후 금세 인기 상품의 반열에 올랐다. 일본에서 대성공을 거둔 이 과자는 다음으로 미국 진출을 시도하였으나 결과는 참패였다. 일본인은 평소 새우를 즐겨 먹기 때문에 에비센의 독특한 맛에 친숙함을 느꼈지만, 그만큼 새우를 즐겨 먹지 않았던 미국에서는 새우의 풍미를 가진 과자가 받아들여지기 어려웠던 것이다. 가루비는 미국 시장에 진출하기 위해 다양한 시행착오를 겪었고, 그 경험을 바탕으로 '포테이토칩'이라는 과자를 개발했다. 이로써 감자튀김을 즐겨 먹는 미국에서 입지를 굳히며 성공을 거둘 수 있었다.

✿ 일본 과자 우마이봉은
왜 가운데가 뚫려 있을까

우리에게 '추억의 불량식품'이 있듯 일본에는 다가시(주로 어린이를 대상으로 판매하는 저렴한 과자)가 있다. 다가시 가게의 수가 감소하면서 손에 용돈을 들고 과자를 사러 가는 아이들의 모습을 찾아보기 어려워졌다. 하지만 슈퍼마켓이나 편의점에는 여전히 어른들이 그리워하는 추억의 과자를 진열한 다가시 코너가 있다. 그리고 그 대표적인 상품이 바로 '우마이봉'이다.

제조사의 공식 홈페이지에 의하면 우마이봉은 프리미엄 맛까지 포함해 총 23가지의 맛이 있는데, 치즈, 다코야키, 콘포타쥬 등 우마이봉을 대표하는 맛부터 낫토, 시나몬 애플파이, 레몬 등 흥미를 유발하는 맛까지 매우 다양해 누구나 자신이 좋아하는 맛을 찾을 수 있다.

어린이부터 어른까지 다양한 연령에게 사랑받는 우마이봉은 가운데에 뚫린 구멍이 저렴한 가격을 뒷받침하는 중요한 역할을 하고 있다.

공장에서 소매점까지 긴 운송 기간 동안 과자가 부서지는 것을 방지하는 일은 과자 판매에 중요한 문제일 것이다. 특히 우마이봉은 작고 가벼운 과자 모양 그대로 포장되기 때문에, 운송 중의 충격을 얼마나 줄일 수 있는지는 운송 비용을 절감하고 파손으로 인한 손실을 방지하기 위한 중요 과제였다.

그리고 이를 해결할 수 있는 방법이 바로 과자 한가운데에 구멍을 뚫는 것이었다. 우마이봉은 이 구멍 덕분에 충격이 분산되어 쉽게 부서지지 않는다. 또한, 베어 물 때 바삭바삭한 느낌과 식감이 좋아진다. 비록 세전 소매가격이 10엔(약 104원)밖에 되지 않지만, 고객들에게 변함 없는 가격으로 계속 제공하기 위한 기업의 노력이 고스란히 담겨 있다고 볼 수 있다.

✪ 얇거나 두껍거나
무심코 먹은 컵라면의 비밀

일본의 간편식 제조사인 닛신식품의 컵누들은 즉석 면의 창시자 안도 모모후쿠가 직접 제작에 참여한 상품이다. 뜨거운 물만 넣으면 언제 어디서나 3분 만에 맛 좋은 라면을 먹을 수 있다는 콘셉트로 출시되었다. 1972년 아사마 산장 사건(휴양소인 아사마 산장에서 무장 단체가 인질을 잡고 농성을 일으킨 사건)의 뉴스 영상에서 컵누들을 먹는 기동대원들의 모습이 방송되면서 소비자들의 이목을 끌었다. 컵누들은 2019년 일본에서만 연 매출 1,000억 엔(약 1조 505억 원)을 달성하는 등 오늘날까지 변함없는 인기를 자랑하고 있다.

처음 출시할 당시 한 종류밖에 없던 컵누들의 맛도 현재는 매우 다양해졌으며, 대표적으로 간장 맛, 해물 맛, 카레 맛 등이 있다. 스테디셀러 상품들은 소비자에게 계속 선택

받기 위해 작은 디테일을 고집한다는 공통점이 있는데, 닛신은 그중에서도 면의 두께에 주목했다.

닛신의 컵누들은 대부분의 면 두께가 약 2mm로 고정되어 있지만, 인기 상품인 카레 맛의 면 두께는 3mm로 더 두껍다. 그 이유는 맛이 강한 수프에 면발이 묻히지 않도록 하기 위해서이다. 면이 두꺼우면 한입에 넣을 수 있는 면의 양이 적어지고, 면발 사이에 묻은 수프의 양도 줄어든다. 맛과 향이 강한 카레 맛 수프와 면의 균형이 잘 잡히도록 면의 두께로 조정하는 것이다.

그러고 보면 이탈리아 요리인 파스타도 맛이 강한 소스에는 두꺼운 면을 사용하는 경우가 많다. 이런 부분에서 컵누들은 맛을 향한 발전은 거듭하면서도 요리의 기본을 충실하게 지키는 대표 상품이라고 할 수 있을 것이다.

✿ 간장병도 브랜드가 된다!
깃코만 간장병

　　1964년에 개최된 도쿄올림픽의 선수촌에서 사용되었으며, 2005년 뉴욕 현대 미술관 MoMA의 영구 소장품으로 선정된 물건은 무엇일까?

　　바로 일본 식품제조기업인 깃코만의 테이블용 간장병이다. 이를 디자인한 사람은 일본을 대표하는 공업 디자이너이자 세계적인 디자이너로 이름을 알린 에쿠안 겐지로다. 그는 간장병 이외에도 업라이트 피아노와 우체통, 나리타 익스프레스, 도쿄에서 아키타까지 운행하는 신칸센 고마치 등 다양한 디자인을 탄생시켰다. 깃코만의 간장병은 출시 이후 반세기 동안 그 모양을 바꾸지 않고 판매되었으며, 현재는 일본 경제산업성(일본의 행정기관)의 〈굿 디자인 상〉을 수상하였고, MoMA의 영구 소장품으로 선정되었다. 뿐만 아니라

2018년에는 일본의 입체 상표(상품 혹은 상품의 용기 등 입체적 형상이 상품의 주요 식별 요소로 기능하는 것)로 등록되는 등 시대와 국경을 뛰어넘어 가치를 인정받고 있다.

입체 상표로 등록되었다는 것은 그 모양만으로도 해당 상품을 판별할 수 있음을 인정받았다는 것을 의미한다. 빨간 뚜껑에 완만한 곡선을 그리는 깃코만의 간장병은 '액체가 새지 않는' 병을 연구한 결과 탄생한 디자인이다. 단순한 형태의 병이지만 일본인이라면 누구나 보자마자 '깃코만 간장이구나'라고 알아볼 수 있다.

깃코만의 간장병과 유사하게 입체 상표로 인정받은 디자인으로는 야쿠르트의 용기, 코카콜라의 유리병 등이 있다. 이들은 모두 한눈에 그 상품을 떠올릴 수 있는 친숙한 디자인이다. 다시 말해 깃코만의 간장병은 우리의 일상에서 쉽게 볼 수 있는 물건이지만, 감각적인 디자인에 기능성도 뛰어난, 제품 디자인의 본보기 같은 제품이다.

ꝯ 야쿠르트는 왜 요만한 병에 파는 걸까

세계대전 이후 일본의 산업 디자인은 큰 발전을 거두었다. 일본 산업 디자인의 거장 겐모치 이사무의 작품은 재패니즈 모던Japanese modern이라 불리며 세계적으로 많은 팬을 보유하고 있다. 그가 참여한 디자인 중 가장 많은 사람이 접하고 있는 물건은 바로 야쿠르트 용기일 것이다.

1935년에 출시된 야쿠르트는 원래 유리병에 담아 판매했었다. 한국에 '야쿠르트 아줌마'가 있듯 당시 일본에도 대부분 여성 판매원이 야쿠르트 병을 손수레나 자전거의 짐칸에 싣고 다니며 팔았다. 하지만 유리로 만든 용기는 너무 무거웠고, 판매한 병을 회수하는 것도 매우 수고스러웠다. 게다가 떨어뜨리면 쉽게 깨져버렸다. 그래서 용기를 재디자인하기 위해 특별히 엄선된 사람이 바로 산업 디자인의 일인

자였던 겐모치 이사무였다. 용기의 디자인을 맡은 그는 가벼우면서도 가공하기 쉽고, 다루기 편리한 폴리스타이렌이라는 플라스틱 소재를 선택하였다.

허리 부분이 잘록하게 들어간 독특한 용기 모양은 손에 힘이 약한 어린이나 노인도 쉽게 잡을 수 있도록 연구한 결과이다. 또한 잘록한 부분 덕분에 용기 안의 액체가 한꺼번에 입으로 흘러 들어가지 않아 적은 양의 음료라도 충분히 맛보고 즐길 수 있다.

겐모치 이사무는 야쿠르트 용기를 디자인할 때 일본의 전통 공예품인 '고케시(팔다리 없이 몸통과 머리만으로 이루어진 원통형 목각 인형)'를 모티브로 삼았다고 한다. 단순하면서도 친숙한 이 디자인은 2008년 일본 경제산업성의 〈굿 디자인상〉을 수상하였으며, 2010년에는 입체 상표까지 인정받았다. 1968년 리뉴얼 이후 지금까지 변함없는 모습으로 사람들에게 오래도록 사랑받고 있다.

✿ 고속철도의 앞 코가 길게
나와 있는 이유

    2019년 5월에 등장한 차세대 신칸센 알파엑스^{Alfa-X}의 모습을 보고, 열차의 '코'에 깜짝 놀란 사람이 많을 것이다. '노즈^{nose}'라고 불리는 고속철도 맨 앞부분의 길이는 무려 22m에 달한다. 1964년에 개통된 도카이도 신칸센(신칸센의 노선 중 하나)의 최초의 차량 '신칸센 0계 전동차'(추후 신칸센 200계 전동차가 등장하여 0계라는 명칭이 붙었으며, 처음에는 '신칸센 전동차'라고 불렸다)의 코와 비교하면 약 4배 수준으로 길어졌다. 새로운 열차가 탄생할 때마다 신칸센 고속철도의 코는 조금씩 길어지는데, 왜 이렇게 코가 자라나는 것일까?

    물론 열차의 맨 앞부분을 길고 뾰족하게 만들면 속도가 빨라진다는 것은 누구나 상상할 수 있는 부분이다. 하지만 이유는 그뿐만이 아니다. 사실 더욱 큰 요인은 열차의 소음 문제였다. 산이 많은 일본 열도를 횡단하는 신칸센은 수 많은 터널을 지난다. 그런데 열차의 빠른 속도로 터널에 진입하면 반대편 출구에서는 '쿠우우웅' 하는 엄청난 충격음이 울린다. 이 소리가 발생하는 원인은 터널에 들어갈 때 생기는 압력파(압력 크기의 변화로 인한 파동) 때문인데, 그로 인한 소음이 항상 문제가 되었다.

그래서 2011년에 개통한 '신칸센 E5계 전동차'부터는 선두 차량을 유선형인 곡선으로 만들어 빠른 속도에서도 공기가 흐르기 쉽게 디자인하며, 소음을 조금이라도 줄이려는 연구가 시작되었다. 그 결과, 지금의 알파엑스가 긴 코를 갖게 된 것이다. 다시 말해 고속열차의 앞 코가 점점 길어지는 이유는 단순히 외형뿐만 아니라 소음과 속도까지 모두 고려한 디자인이다.

✪ 고속철도의 문이
좁은 진짜 이유

커다란 짐을 들고 신칸센에 탑승할 일이 있다면 문이 조금만 더 넓었으면 좋겠다고 생각하게 될 것이다. 혹은 객차 안을 출입할 때면 문을 통과하며 무의식적으로 몸을 비스듬히 기울이게 될지도 모른다. 고속철도의 문이 이렇게 좁은 이유는 대체 무엇일까?

가장 큰 이유 중 하나는 차체의 강도를 보존하기 위해서다. 문이 크면 그만큼 열리는 부분이 넓어지게 되고, 그로 인해 차체의 강도가 떨어질 수밖에 없다. 안전하게 주행하기 위해서는 문이 되도록 작은 편이 좋다.

게다가 기압 또한 중요한 요소로 작용한다. 고속철도는 수많은 터널을 지나며 기압의 변화를 예민하게 받는다. 터널 입구에 진입하면서 기압이 변하고, 이에 따라 '끼익'하는 소음이 발생한다. 기압의 변화가 크면 승객과 차체에 주는 부담이 커지기 때문에 문의 폭을 좁게 하여 변화를 최소한으로 제한하는 것이다. 분명 약간의 불편함은 존재하겠지만 폭이 좁은 문이 신칸센의 속도와 열차 내의 쾌적함으로 이어진다고 생각하면 그다지 심각한 문제는 아닐 것이다.

✿ 콘비프 통조림의 사다리꼴
모양은 어떻게 탄생했을까

염지한 소고기인 콘비프 통조림은 다양한 요리에 사용된다. 비상식량으로 쓰거나 야외 활동을 할때 간편하게 활용할 수 있어 인기가 높다. 특히 일본에서 콘비프 통조림을 더욱 유명하게 만든 것은 바로 디자인이다.

일본의 통조림 제조기업 노자키의 콘비프 통조림은 특이하게 사다리꼴 모양을 하고 있다. 독특하게 '열쇠'를 사용해 사다리꼴 아랫부분을 빙글빙글 돌려 감아 뚜껑을 개봉한다. 이런 방법은 다른 통조림과는 차별되는 특징이다.

이렇게 독특한 사다리꼴 모양의 통조림이 탄생한 이유는 공기와 접촉하면 산화하는 고기의 특성을 보완하기 위해서였다. 사다리꼴 모양의 통조림은 공장에서 면적이 작은 쪽을 아래로 하고 면적이 넓은 위쪽부터 고기를 가득 채우는데, 이와 동시에 공개를 빼내어 고기의 산화를 방지한다.

확실히 노자키의 콘비프 통조림을 개봉해 보면 고기가 빈틈없이 꽉 차 있어 공기가 들어갈 틈이 없다. 사다리꼴 모양의 캔이 고기의 맛을 유지해 준다고 할 수 있는 것이다. 다만 이렇게 독특한 모양의 통조림은 공장 생산 설비의 노후화로 인해 2020년 1월에 제조를 종료하였다. 현재는 더 작고 열기 쉬운 형태로 바뀌었는데, 당연한 이야기지만 그 맛에는 변함이 없다.

✿ 아마존 로고 속
화살표의 진짜 의미

아마존은 오늘날 우리 일상생활에서 빠질 수 없는 존재로 자리 잡은 기업 중 하나이다. 위드 코로나라고 불릴 만큼 코로나19^{COVID-19}의 종식은 가늠하기 힘든 시대가 되었다. 집에서 보내는 시간이 증가하면서 온라인 쇼핑과 배달업이 활발해졌고, 이에 아마존이 제공하는 편리성은 점점 더 주목 받고 있다.

아마존의 로고를 한번 떠올려 보자. 문자 아래에 화살표처럼 생긴 모양이 왼쪽에서 오른쪽을 향해 그려져 있다. 이는 대체 무엇을 의미하는 것일까?

이 화살표는 'A→Z'를 가리키는 기호로 사용되며 '모든 상품을 전달해드립니다'라는 의미를 담고 있다. 알파벳 26자로 시작하는 모든 상품을 다루고 있다는 것은 다르게 말하면 '없는 것이 없다'라는 뜻이다. 이는 곧 아마존의 자부심을 나타내는 로고인 셈이다.

또 많은 사람이 느끼는 것처럼 이 화살표는 웃고 있는 사람의 입 모양과 닮았다. 즉, 아마존을 이용하는 사람들의 만족스러운 미소를 표현한 것이다. 아마존의 로고는 기업과 고객 모두의 만족을 나타내는 로고라고 말할 수 있다.

✿ 애플의 로고가
'한입 베어 문 사과'인 이유

애플은 다국적 테크놀로지 기업이다. 우리나라뿐만 아니라 세계적으로 상당한 충성고객을 가지고 있으며, 애플의 로고는 모르는 사람이 없을 정도로 유명하다. 그 모양이 너무 익숙해 그냥 지나치기 쉽지만, 사실 애플의 로고 속 사과는 누군가 먹은 것처럼 오른쪽 한입이 베어 물려 있다. 도대체 왜, 이런 디자인이 되었을까?

사실 애플이 창업했을 당시의 로고는 뉴턴이 사과나무에 기대어 책을 읽고 있는 모습을 모티브로 하고 있었다. 그러나 이것만으로는 재미 요소가 부족하다고 판단한 스티브 잡스는 사과 그 자체를 기업의 로고로 사용하는 아이디어를 떠올린다. 이때 일부러 베어 문 자국을 추가한 것은 '베어 물다bite'라는 단어를 컴퓨터 용량의 정보 단위인 '바이트byte'와 연결했기 때문이다.

초기에는 한 가지 색으로 표현되었던 애플의 로고는 이후 컴퓨터의 컬러 출력 기능을 홍보하기 위해 6색의 줄무늬가 되었으나, 이윽고 다시 단색으로 변경되었다. 어쨌든 천국에 있는 뉴턴은 사과가 세계적으로 유명한 로고가 되었으리라고는 꿈에도 생각하지 못할 것이다.

✿ 루이비통의 모노그램 무늬는 무엇을 모티브로 했을까

에르메스, 샤넬, 프라다와 어깨를 나란히 하며 세계의 여성들을 매료시킨 브랜드가 있다. 바로 루이비통이다. 루이비통의 로고는 'L'과 'V'가 겹쳐진 문자에 꽃과 별이 어우러져 있어 사람들의 시선을 단숨에 사로잡는다. 한번쯤 이 로고를 보며 왠지 모르게 친숙하다거나 어딘가에서 본 적이 있다고 생각한 사람이 있을 것이다. 그 이유는 무엇일까?

세계 여성의 마음을 설레게 하는 루이비통의 로고는 일본 사쓰마번(현재의 가고시마현)의 시마즈 가문의 무늬를 참고하여 고안되었다고 전해진다. 이 모노그램은 1896년 즈음부터 사용되기 시작했는데, 당시 프랑스에서는 '일본 붐'이 한창이었다. 그리고 다음 해 개최된 파리 엑스포에 사쓰마번이 출전했고, 시마즈 가문의 문장이 들어간 물건을 전시하였다. 루이비통의 모노그램은 이 무늬에서 힌트를 얻어 만들어진 것이다. 또 루이비통의 '다미에Damier'(프랑스어로 체크무늬를 뜻함) 또한 일본의 전통적인 바둑판무늬인 이치마츠 모양을 바탕으로 탄생하였다고 하니, 루이비통의 디자인 속에 동양의 아름다움이 녹아 있다고 할 수 있다.

✿ 페덱스 로고에 숨겨진
기호를 찾아라!

기업의 로고는 단순히 그 기업의 이름을 나타낼 뿐만 아니라, 기업의 이념이나 특징을 표현하고 있는 경우가 많다. 오늘날 세계적으로 이용되고 있는 물류 기업, 페덱스의 로고에도 그와 같은 '어떤 것'이 숨어 있다.

페덱스의 로고를 자세하게 들여다보자. 한번 쓱 훑어보고는 알아차리기 어려운 비밀이 숨어 있다. 그러나 주의 깊게 살펴보면 'E'와 'X' 사이의 공간이 '화살표' 모양인 것을 발견할 수 있다. 눈치챘겠지만 이 화살표의 의미는 정확성과 속도다. 이것이 바로 페덱스의 핵심 가치다.

지금 이 책을 읽고 그 사실을 알게 된 여러분은 이것을 모르고 있는 다른 누군가에게 페덱스 로고에 숨겨진 비밀을 말하고 싶어질지 모른다. 이 또한 '마케팅'의 일환인 셈이다. 거리에서 페덱스의 로고를 발견하면 화살표의 존재를 아는 사람들은 대부분 이를 다른 사람에게 알려주고 싶어 한다. 그리고 이것이 계속 반복되어 페덱스의 이름이 세계적으로 퍼져 나가게 된 것이다. 이렇듯 페덱스의 로고는 얄미울 정도로 사람의 심리를 교묘하게 이용하고 있다.

✪ 벤츠의 삼각별 엠블럼에는 어떤 뜻이 숨어 있을까

　　자동차 엠블럼은 기업의 사명을 그대로 디자인화한 것이 많다. 그중 고급 자동차의 대명사인 메르세데스 벤츠Mercedes Benz의 엠블럼은 원 안에 세 개의 선이 그려진 모양으로 유명하다. '삼각별Three pointed star'이라고도 불리는 이 엠블럼에는 벤츠의 역사가 담겨 있다.

　　벤츠는 1926년 벤츠 앤드 씨에Benz & cie와 다임러 모터 코퍼레이션Daimler Motoren Gesellschaft이라는 두 기업이 합병하면서 만들어진 회사다. 본래 벤츠 앤드 씨에가 월계수 잎사귀를 로고로 사용하고 있었고, 다임러는 삼각별 마크를 쓰고 있었다. 그리고 기업의 합병에 따라 두 마크가 합쳐지면서 현재 우리가 알고 있는 벤츠의 삼각별 엠블럼이 탄생하게 된 것이다.

　　이 삼각별에는 자신들이 개발한 엔진이 육지와 바다, 하늘을 향해 거침없이 비약하고, 세계의 정상에 서겠다는 목표를 가진 고틀리프 다임러Gottlieb Daimler의 바람이 담겨 있다. 그 기원이 지금의 엠블럼이 되어 오늘날의 메르세데스 벤츠에도 계속해서 이어지고 있다.

✿ 맥도날드의 로고는
'M'을 나타내는 것이 아니다?

　　전 세계 어느 나라를 가도 맥도날드의 'M' 로고를 쉽게 찾아볼 수 있다. 기대하고 떠난 해외여행에서 하필 그 지역의 요리가 입에 맞지 않을 때, 맥도날드의 로고를 발견하곤 마음 놓였던 경험이 한 번쯤 있지 않은가?

　　맥도날드의 로고 'M'이 영어의 'M'에서 유래했다고 생각하는 사람도 많을 것이다. 하지만 그 'M'이 맥도날드의 이니셜이 아니라고 한다면 어떤가? 심지어 그 로고가 알파벳 'M'을 나타내는 게 아니라면?

　　사실 맥도날드 로고의 'M'은 맥도날드 레스토랑 옆에 세워 놓은 조형물이 발전하여 만들어진 것이다. 원래 서 있던 하나의 아치를 두 개로 연결해 황금색을 칠한 것이 마치 M자처럼 보였고, 공식 로고로 등록되어 전 세계가 아는 맥도날드의 시그니처 로고가 된 것이다.

　시카고 1호점에서는 간판 위에 두 개의 큰 아치를 만들어 멀리서도 볼 수 있는 표식으로 삼았다. 이것이 '골든 아치'라고 불리는 맥도날드의 상징이 되었고, 오늘날 로고에 쓰이고 있다. 그 로고에 초심을 잃지 말자는 마음가짐이 담겨 있는지 아닌지는 알 수 없지만, 지금도 예전과 변함없는 맛을 제공하는 맥도날드에 매우 잘 어울리는 로고다.

✪ 도쿄 스카이트리의
토대가 세 개인 이유

　　오늘날 일본에서 도쿄 타워를 제외한 가장 높은 건축물은 도쿄 스카이트리다. 이 건물은 특이하게도 세 개의 다리로 세워져 있는데 '네 개가 아니어도 괜찮을까?'라며 불안하게 생각하는 사람도 있을 수 있겠지만 토대가 세 개인 나름의 이유가 있다.

　　스카이트리가 위치한 스미다구 오시아게는 아사쿠사와 무코지마 등을 포함하는 전통적인 번화가이자 도부선 등여러 지하철 노선을 포함해 심지어 수상 버스까지 지나는교통의 중심지이기도 하다. 관동대지진이 일어나기 전에는이곳이 도쿄 번화가의 중심이었다.

　　지금도 스미다강과 아라카와강, 그리고 남측의 철도노선과 간선도로라는 세 개의 '도시의 축'에 둘러싸여 있어

지형의 중심이 되고 있다. 즉 '사람들이 세 개의 경로를 통해 스카이트리로 모인다'라는 이미지를 중요하게 생각했기 때문에 일부러 스카이트리의 다리를 세 개로 만든 것이다.

　　물론 이유가 있다 하더라도 다리가 네 개인 편이 더 튼튼하지 않을까 하는 생각을 지울 수 없다. 스카이트리는 안전에 아무 문제 없을까? 잘 알려지지 않은 사실이지만, 건축에 쓰이는 삼각 지지대는 사각과 비교하여도 손색이 없을 만큼 안정적이다. 가장 좋은 예로 카메라 삼각대를 떠올리면 된다. 게다가 스카이트리의 지상 300m 지점부터 그 위로는 삼각이 아니라 원형으로 되어 있어 바람의 영향을 적게 받도록 구상되었다. 더욱이 지하로는 빌딩 10층 정도 높이의 말뚝이 파묻혀 있어 강도 높은 지진에도 견딜 수 있도록 설계되었다.

　　역사와 전통, 나아가 지역의 특성과 사람들이 모이고 빠지는 흐름을 소중히 생각하는 정신이 최신 건축 기술과 만나 탄생한 것이 바로 스카이트리라고 할 수 있다.

✿ 열차의 팬터그래프 반쪽이 사라진 이유

한때는 '마름모 형태'가 당연했던 열차의 팬터그래프 pantograph(열차의 지붕에 달아 전선에서 전기를 끌어들이는 장치)가 점점 '반쪽 마름모 형태'로 바뀌고 있다는 사실을 아는가?

'반쪽 마름모 형태'의 팬터그래프의 정식 명칭은 '싱글암 식single-arm type 팬터그래프'이다. 두 변밖에 없는 '반쪽 마름모 형태'인 싱글암 식 팬터그래프는 네 변이 존재하는 마름모 모양과 비교하면 제조 비용이 현저히 적게 들어 훨씬 경제적이라고 한다. 이것이 '반쪽 마름모 형태'의 팬터그래프가 증가하는 이유 중 하나다.

그 외에도 '반쪽 마름모 형태'의 팬터그래프는 구조가 단순하여 부품이 적게 들고 보수 점검을 위한 비용도 줄일 수 있다. 게다가 사용되는 부품이 적어 지붕 위를 차지하는 점유 면적도 감소한다. 또한 무게가 가벼워서 전기 철도에서 열차에 전력을 공급하기 위한 전선, 즉 가선에서 벗어나는 일이 드물다.

눈이 쌓였을 때 '마름모 형태'는 무게로 인해 가선에서 벗어나 예상치 못한 문제가 발생할 가능성이 높지만, '반쪽 마름모 형태'라면 이를 방지할 수 있다. 게다가 부품이 적기 때문에 주행 중 바람을 가르는 소리가 줄어들어 소음을 억제하는 이점도 있다. 마름모 모양 팬터그래프의 풍경을 감상하는 철도 마니아도 많지만, 이제는 반쪽 마름모의 팬터그래프 형태가 일반적인 모습이 될 것이다.

✿ 철도 레일의 단면이 잘록한
이유는 무엇일까

      열차의 차체를 싣는 레일은 무조건 튼튼하게 만들어 졌다고 생각하기 쉽다. 그러나 레일의 실제 단면은 '공'이라 읽는 한자 '工'의 모양과 비슷하게 양옆이 잘록하다. 이런 모양이면 레일이 열차의 무게를 견디지 못하고 도중에 끊어지 거나 휘어질지도 모른다는 걱정이 앞서는데, 왜 철도 레일의 단면은 '工'자 모양을 하고 있을까?

      철도 레일이 처음부터 이런 모양이었던 것은 아니다. 계속해서 보완을 거듭한 결과 지금의 모양에 도달하게 된 것이다. 그런 의미에서 철도 레일의 '工'자 모양은 매우 이상적인 모양이라고 할 수 있다.

      우선 레일의 윗부분은 열차 바퀴와 접촉하기 때문에 마모가 되기 쉽다. 그래서 윗부분을 두껍게 만들어 마모에 잘 견딜 수 있도록 하였다. 또 차량의 무게를 견디기 위해 레일 아래에 까는 나무나 콘크리트 토막인 침목과 접촉하는 아랫부분은 되도록 넓게 만들어 안정감을 높였다.

이 두 가지의 이점을 살려 레일의 중간 부분을 잘록하게 만들면 재료비를 절약할 수 있다. 다양한 시행착오를 거쳐 모든 이점을 살린 '工'자 모양의 철도 레일이 탄생한 것이다.

✿ 일본에는 무려 24.7km를 직선으로 달리는 열차가 있다

도쿄의 JR노선도를 보면 JR주오선이 동과 서를 일직선으로 연결하고 있다는 사실을 알 수 있다. 보통 철도 노선은 일반적으로 지형 등에 따라 구불구불 구부러지기 마련인데 주오선은 히가시나카노부터 다키가와까지 약 24.7km가 기분이 좋을 정도로 똑바른 직선을 유지하고 있다.

이 구간이 왜 일직선이 되었는지 그 이유를 찾아가다 보면 메이지 시대(1868년~1912년)까지 거슬러 올라간다. 당시에는 코부철도라는 사철 회사가 도쿄의 중심부와 교외를 잇는 노선을 만들고 싶어 했다. 원래는 고슈 가도(오늘날의 도쿄와 야마나시현을 연결하는 도로)나 오메 가도(도쿄 신주쿠구에서 오메시를 경유하여 야마모리현까지 이어진 도로)를 따르는 경로를 생각하고 있었는데, '기차 연기로 건강이 나빠진다', '경작을 위한 토지가 줄어든다', '철도가 지나가면 역참마을이 쓸모없어진다' 등 주민들이 반대하는 목소리가 커지자 결국 용지 매수는 진행되지 않았다. 특히 당시는 증기기관차에 대한 주민들의 혐오와 공포가 엄청났던 시기이기도 했다.

결국 코부철도는 오메 가도와 고슈 가도를 피해 그 가운데로 철도를 통과시키기로 하였다. 그 결과 1889년, 오늘날과 같은 일직선의 철로가 완성되었다. 당시 용지 매수가 더디게 진행되자 자포자기한 공사 담당자가 지도에 자로 붉은 선을 그었는데, 그것이 그대로 노선이 되었다는 이야기도 전해진다. 그 이야기가 사실인지 아닌지는 알 수 없지만 분명 자로 그은 것처럼 똑바른 일직선의 노선이라는 사실은 변함이 없다.

2

익숙하고
　　　낯선 모양들의
이유 있는 이야기

✪ 마요네즈의 구멍이
별 모양인 이유

마요네즈는 꾸준히 사랑받고 있는 소스 중 하나다. 일본에서는 한때 '마요라ㅋㅋㅋ—'라는 단어가 유행한 적이 있었다. 마요네즈의 '마요'와 사람을 의미하는 영어 접미사 'er'의 합성어로, 마요네즈를 좋아해서 어떤 음식에나 넣어 먹는 사람을 뜻하는 말이다. 그 정도로 마요네즈는 한국, 일본, 세계 어느 나라 할 것 없이 어른과 아이 모두에게 인기 있는 상품이다.

일본의 마요네즈 제조사인 큐피kewpie가 현재 판매 중인 제품은 본체에 별 모양의 입구가 있고, 뚜껑에 세 개의 얇은 구멍이 있는 더블캡 형식이다. 구멍이 세 개인 뚜껑은 2018년 상품부터 적용되었으며, 이전까지는 작은 구멍이 하나 있는 뚜껑으로 제공되었다. 하지만 제품 본체의 입구는 변함없이 별 모양으로 되어 있어, '마요네즈'하면 별 모양 이미지가 자연스럽게 연상될 정도로 사람들 머릿속에 완전히 뿌리내렸다고 말할 수 있다.

이야기를 되돌아가서, 큐피는 1925년부터 마요네즈를 병에 담아 판매하기 시작했다. 1958년에는 용기를 플라스틱의 일종인 폴리에틸렌 소재로 바꾸었는데, 당시에는 마요네즈를 짜는 입구가 두꺼운 동그라미 모양이었다. 그러나 모양에 변화를 주기 위해 입구를 몇 가지 모양으로 제작해 그 뚜껑을 덤으로 제공하기 시작했고 그중에 별 모양 두껑의 인기가 가장 좋았다.

당시 일본은 고도의 경제 성장 중이었는데, 그 중에서도 유럽과 미국 문화의 영향을 많이 받고 있었다. 가정에서도 고급스러운 요리를 먹고 싶다는 소비자의 니즈가 별 모양의 마요네즈 뚜껑과 딱 맞아떨어졌다. 1972년에는 제품에 별 모양 입구를 정식으로 채용하였으며, 이후 2005년에 작은 구멍이 하나인 더블캡, 2018년에 구멍이 세 개인 더블캡을 채택한 것을 제외하고는 오늘날까지 디자인을 바꾸지 않고 계속 사용하고 있다.

✿ 연필 기둥이 육각형인 이유

       요즘은 연필 쓰는 사람을 찾아보기 힘들어졌다. 예술이나 설계 등 특정 직업 및 취미를 가진 사람이 아니면 연필을 사용하는 것은 드문 일이 되었다. 오늘날 연필 사용이 가장 익숙한 사람은 이제 막 글을 배우는 아이들이나 초등학교에 입학한 아이들이다. 아이들이 주로 사용하는 연필은 시간의 흐름에 따라 그 모양이 조금씩 변화하고 있다.

       1990년대 초중반에 태어난 세대에게는 육각 연필이 당연했다. 그러나 요즘에는 삼각 연필을 쓰는 아이들이 많아졌다. 연필이 육각형인 이유는 책상 위에 그냥 올려 두어도 굴러 떨어지지 않고 엄지와 검지, 중지 세 손가락으로 지지하여 쉽게 잡을 수 있기 때문이다. 반면 삼각 연필은 육각 연필보다 어린아이가 사용하기에 더 편하다는 장점이 있다.

게다가 삼각 연필은 연필을 바르게 잡는 방법을 배우기에도 용이한 모양이다. 다만 작은 결점이 있다면, 연필을 깎았을 때 연필심이 다소 한쪽으로 치우쳐 있다는 점이다. 손으로 잡기에는 편하지만, 연필 중앙에 딱 맞게 심을 넣는 것이 기술적으로는 어려운 일이라고 한다.

참고로 '색연필이 둥그런 이유는 부드러운 심이 부러지는 것을 방지하기 위해서'라는 말은 옛날이야기다. 현대 기술로는 색연필의 부드러운 심도 쉽게 부러지지 않는다. 그래도 색연필의 모양이 여전히 둥그런 이유는 그림을 그리는 사람에게는 아무렇게나 쥘 수 있는 둥그런 모양이 사용하기 더 편하기 때문이다.

✿ 자판기 동전 투입구가 가로인 이유와 세로인 이유

요즘은 현금을 들고 다니며 물건을 구입할 일이 줄어들었다. 대부분 카드나 휴대폰 결제를 주로 사용하기 때문이다. 언제 어디서나 간편한 카드 결제가 가능하지만 분명 현금이 필요한 순간도 있다. 길거리의 자판기를 이용할 때는 동전이 필요하며, 그 자판기에는 반드시 동전 투입구가 설치된 모습을 볼 수 있다. 이 동전 투입구를 자세히 들여다보면 가로와 세로, 두 종류가 있다는 사실을 알고 있는가?

지하철역 등에 마련된 티켓 판매기는 동전 투입구가 세로, 음료수 자판기 등은 가로인 경우가 많다. 세로 또는 가로 모양의 투입구에는 각각 다른 이점이 있다. 먼저 지하철역의 티켓 판매기에 사용되는 세로 모양의 경우, 투입된 동전이 굴러가는 속도가 매우 빠르다. 그래서 내부의 동전 검사기까지 매끄럽게 도달하기 때문에 티켓이 나오는 속도 또한 빨라진다. 티켓을 뽑아야 하는 승객이 한 번에 몰릴 경우, 빠른 발급은 보다 효율적으로 작용한다.

반면 음료수 자판기 등에서 쓰고 있는 가로 모양의 투입구는 세로 모양보다 동전이 구르는 속도가 느리다. 하지만 얇은 형태의 동전 검사기를 내장할 수 있다는 장점이 있어 자판기 내부에 공간을 확보할 수 있다. 즉 자판기 안에 많은 상품을 넣을 수 있어 빠른 품절을 예방할 수 있고, 상품 보충의 빈도도 줄일 수 있다.

다시 말해, 판매기 앞에서 긴 행렬이 만들어지는 역 등의 장소에서는 세로 모양의 동전 투입구, 음료수 자판기 등 내부 공간을 효율적으로 활용하고 싶은 경우에는 가로 모양의 동전 투입구가 적합하다.

♤ 트럼프 카드 속
♠, ♣, ♦, ♥의 의미

    누구나 한번쯤 트럼프 카드를 가지고 놀아 본 경험이 있을 것이다. 하지만 트럼프 카드의 네 가지 무늬인 '♠, ♣, ♦, ♥'의 유래에 대해 알고 있는 사람은 거의 없다. 트럼프 카드가 언제 어디에서 시작했는지 여러 이야기가 전해지고 있지만, 정확한 유래는 알기 어렵다. 중국에서 탄생해 이슬람권을 경유하여 유럽으로 퍼졌다는 설이 가장 유력한데, 이 또한 확실하지 않다. 트럼프 카드에 그려진 네 가지 무늬의 기원에 대해서도 정설은 없지만, 사회적 계급을 표현하고 있다는 이야기를 한번 살펴보자.

    '검'을 형상화한 스페이드는 '귀족과 군인'을 나타내고 있다. 또 '성배'를 형상화한 모양인 하트는 '성직자'를 의미하며, '화폐'를 형상화한 다이아몬드는 '상인'을, 마지막으로 '몽둥이'를 형상화한 클로버는 '농민과 노동자'를 나타낸다. 즉 트럼프 카드는 '사회의 축소판'으로 다양한 계층의 사람들을 상징하고 있으며, 게임의 규칙과 승패에 사회적 계급이 투영되어 있다고 말할 수 있는 것이다.

참고로 K, Q, J의 패에 그려진 인물들은 모두 실제 모델이 존재한다. 예를 들어 클로버 K는 알렉산드로스 Alexandros 대왕, 다이아몬드 K는 줄리어스 시저 Julius Caesar, 하트 Q는 구약성서에 등장하는 여전사 유디트 Judith가 모델이다. 이러한 사실을 바탕으로 트럼프 카드 게임을 한다면 더욱 재미있게 즐길 수 있을 것이다.

✿ 왜 신문지의 끝은
톱니바퀴처럼 뾰족뾰족할까

종이신문의 발행 부수가 계속해서 감소하고 있다. 신문을 배달해서 보는 가구를 찾아보기 힘든 지경이다. 매일 아침 신문을 읽으며 하루를 시작하던 풍경은 아무래도 옛날 이야기가 되어 버린 느낌이다. 부모에게 신문을 읽는 습관이 없으면 아이들에게도 그 습관이 전달되기는 어렵다. 인터넷 신문의 발달로 종이신문을 직접 만져본 경험이 없는 아이들이 많아질지도 모른다.

한편, 신문을 자세히 뜯어보면 위아래의 끝은 뾰족뾰족하게 잘려져 있고 옆은 매끈하고 반듯하다. 어느 신문이나 모두 똑같은 모양을 하는 이유는 무엇일까?

이 뾰족한 모양은 절단기 칼의 흔적이다. 신문은 크고 긴 두루마리 화장지 같은 종이에 인쇄하고 페이지를 맞추어 접은 다음, 회전 절단기로 한 부씩 분리한다. 절단에는 톱처럼 촘촘한 날이 빠르게 회전하는 기계를 사용한다. 뾰족한 칼로 자르기 때문에 신문의 절단 부분도 뾰족해지는 것이다. 아래 모서리 부분에 뚫린 몇 개의 구멍은 절단하거나 접을 때 철사 같은 도구로 찔러서 끌어당기기 위한 것이다. 신문은 휴간 일을 제외하고 일 년 내내 찍혀 나오기 때문에 제작 마무리가 조금 거칠더라도 눈감아 줄 수 있을 만큼 다양한 정보를 담고 있다.

✿ 이쑤시개의 홈은
디자인일까 배려일까

　'이쑤시개 아트'라고 들어 본 적 있는가? 이름 그대로 이쑤시개를 사용하여 예술 작품을 만드는 것인데, 해외 유명 아티스트가 섬세하게 쌓아 올린 입체 작품부터 학생이 발포 스티롤에 꽂아 만든 픽셀 아트까지 친숙한 소재로 즐길 수 있는 예술로 인기가 높다. 그런데 이쑤시개를 자세히 보면, 대부분의 제품 끝부분에 홈이 한 바퀴 둘려 있는 것을 발견할 수 있다. 그 홈은 일부러 만든 것이 아니라 이쑤시개 제작 과정의 결함을 숨기기 위하여 만들어졌다.

　한쪽 끝이 뾰족한 이쑤시개는 다른 한쪽의 끝을 단단히 고정하고 빠르게 회전시켜 깎아 낸다. 그렇게 되면 고정한 쪽은 마찰에 의해 타버리기 때문에 검게 변하고 만다. 물론 그대로 판매할 수도 있지만, 아무래도 보기에는 좋지 않다. 거무스름해진 부분에 홈을 넣어 디자인의 일부처럼 보이게 한 것이다. 홈이 있는 쪽을 자세히 살펴 보면 끝부분이 짙은 갈색이라는 사실을 알 수 있다. 지금도 변함없이 같은 방법으로 제작하고 있기 때문에 홈이 들어간 끝부분은 마찰로 탄 색이 남아 있는 것이다.

참고로 이쑤시개는 영어로 'toothpick투스픽'이라 불리는데 전 세계에서 두루 사용할 만큼 일상적인 물건이다. 양쪽이 날카로운 이쑤시개, 평평한 이쑤시개, 녹말로 만든 이쑤시개, 민트 맛이 나는 이쑤시개 등 그 종류도 매우 다양하다. 한쪽 끝에 홈이 파인 이쑤시개는 독특한 나뭇결에 새겨진 세심한 기술이 빛나고 있다.

✿ 탄산수의 페트병 바닥이
울퉁불퉁한 이유

시대가 변하면서 우리가 즐겨 마시는 음료의 종류도 다양해졌다. 그 중에서도 페트병 음료는 천연수, 과즙 음료, 커피, 홍차, 탄산음료 등 그 종류 또한 상당하다. 제품의 디자인은 각 제조사가 공들여 연구한 라벨과 색감으로 소비자의 구매 욕구를 자극한다. 그러나 라벨을 벗기고 비교해 보면, 음료의 종류에 따라서 페트병의 모양에 공통점이 있다는 사실을 발견할 수 있다.

탄산음료의 가장 큰 특징은 바로 페트병 바닥 모양이다. 탄산음료가 들어 있는 페트병의 바닥에는 볼록한 다섯 개의 지지대가 있고, 전체적으로 옴폭하게 파여 있다. 바닥이 울퉁불퉁한 덕분에 페트병 내부의 압력이 올라가 팽창하더라도 다섯 개의 지지대로 지탱하여 스스로 서 있을 수 있다. 탄산음료 페트병의 바닥이 꽃잎을 닮았기 때문에 페탈로이드petaloid 형태라는 이름이 붙여졌다.

한편 몸통이 둥근 페트병의 탄산음료는 쉽게 찾아볼 수 있지만, 사각 형태의 페트병에 들어 있는 탄산음료는 찾아보기 어렵다. 이는 내부의 압력과 관계가 있는데, 둥근 페트병은 압력을 균등하게 받아 쉽게 변형되지 않으므로 모양의 변형 없이 그대로 유지할 수 있어 탄산음료에 적합하다.

그렇다면 사각 페트병에는 어떤 음료를 넣을까? 사각 페트병은 고온에서 살균한 액체를 주입하는 방식으로, 주로 과즙 음료, 차 종류의 음료 등이 이에 해당한다. 사각 페트병의 옆면을 자세히 보면, 창문처럼 얇은 판 형태가 파여 있어 올록볼록하다. 감압 흡수 패널이라고 부르는 이 부분은 뜨거운 액체가 들어 있는 페트병을 냉각할 때, 바깥쪽에서 가해지는 압력을 잘 견딜 수 있도록 설계된 것이다.

이처럼 제작 방법에 맞춘 디자인은 제품 디자인의 가치를 보여 주는 대목이며, 점점 증가하는 청량음료의 수요를 뿌리부터 뒷받침하고 있다고 말할 수 있다.

✿ 판 초콜릿에 조각 선이
그어진 진짜 이유

초콜릿은 남녀노소 모두에게 인기 있는 음식이다. 밸런타인데이가 되면 초콜릿 관련 상품들이 불티나게 팔리며 판매 경쟁에 열을 올리는데, 꼭 그 시기가 아니더라도 초콜릿은 꾸준히 인기가 높은 간식이다. 그중에서도 판 초콜릿은 그대로 먹는 것뿐만이 아니라 제과의 재료로 사용하는 경우가 많아 특정 이벤트와 관계없이 찾는 사람이 많다.

흔히 즐겨 먹는 판 초콜릿은 선으로 조각이 나 있어 자를 때 매우 편리한데, 이 선은 잘 나누어질 때도 있고 그렇지 않을 때도 있다. 왜냐하면 그 선은 초콜릿을 먹는 사람을 위해 만들어진 것이 아니기 때문이다.

높은 온도에서 녹인 초콜릿을 홈이 새겨진 틀 위로 부으면 틀에 닿는 면적이 넓어져 온도가 빨리 내려간다. 즉, 초콜릿을 더욱 빠르게 굳힐 수 있는 것이다. 게다가 홈이 있어 틀에서 쉽게 뗄 수 있다는 장점도 있다.

막연하게 소비자가 먹기 편하게 만든 선이라고 생각하는 사람이 많을지도 모르지만, 이 선은 어디까지나 생산자의 입장에서 만들어졌으며, 제조사도 이를 딱히 부정하지 않는다. 결과적으로 제조의 효율성을 높이기 위해 만들어진 초콜릿의 조각 선은 의도하고 만든 것보다 더 성공한 디자인이라고 할 수 있다.

✿ 명함은 왜 모두
비슷한 크기일까

명함은 우리에게 어떤 의미일까? 처음으로 내 이름이 적힌 명함이 생기면, 이름이 새겨진 작은 카드가 마치 한 명의 사회인으로 인정받은 증거라는 생각이 든다. 사람마다 이름과 생김이 다르듯 명함 역시 다양한 디자인으로 제작된다. 신기하게도 명함의 크기는 거의 비슷해서 시중에 판매되는 명함 지갑이나 명함 케이스에 알맞게 들어간다. 한국에서 가장 많이 사용되는 명함의 크기는 평균 가로 90mm, 세로 50mm이다.

명함의 기원은 1954년, 프랑스의 사진가 앙드레 아돌프 디스데리Andre Adolphe Disderi가 고안한 가로 82mm, 세로 57mm의 명함판 사진이라고 할 수 있는데, 그것이 큰 인기를 끌게 되었고, 이후 만들어진 명함들은 당시의 크기와 비슷하게 만들어졌다. 나라마다 명함의 크기는 조금씩 다르지만 우리가 알고 있는 평균 크기에서 크게 벗어나지 않는다. 한 손에 잡히고, 한 번에 읽기 좋은 크기를 유지하는 것이 특징이다. 대부분 가로와 세로의 길이를 결정할 때는 황금 비율을 따르고 있는데, 여기서 말하는 황금 비율이란 사람이 가장 아름답다고 느끼는 균형의 상태를 말하며, 그 비율은 1:1.618의 비율이다.

물론 이보다 크거나 작은 크기의 명함도 사용한다. 작은 크기의 명함은 아기자기한 느낌을 주기 위해 사용하기도 하며, 큰 명함은 더 많은 정보를 담기 위해 쓰기도 한다. 다만 크기가 큰 명함은 시중에서 판매하는 보통의 명함 케이스에는 들어가지 않기 때문에 편리성이 낮아 사용하는 경우가 드물다고 한다.

✪ 도로 표지판이 동그라미, 네모, 세모 모양인 이유

도로 표지판의 종류는 매우 다양하다. 우리가 도로에서 흔히 보는 표지판들은 규제표지판, 지시표지판, 보조표지판 등이다. 우리나라의 경우 규제표지판은 통행금지, 진입금지, 유턴금지, 주정차금지 차간거리 확보, 양보 등을 나타내며 빨간색 테두리를 사용하는 표지판이다.

지시표지판은 직진 및 좌회전, 자전거전용도로, 자동차전용도로, 주차장, 진행방향별통행 구분을 하는 표지판으로 청색바탕을 사용한다.

보조표지판은 구간시작, 안전속도, 견인지역, 노면상태, 충돌주의 등을 표시하며 검정테두리를 쓴다. 이처럼 표지판의 모양과 색깔이이 모두 다른 이유는 '보이는 방식'과 관련이 있다.

동그라미는 인간의 눈에 실제보다 더 크게 보이는 성질이 있다. 그래서 제한속도나 주차금지 등 특히 중요한 표지판들을 운전자가 절대로 지나칠 수 없도록 원형 표지판으로 표시한 것이다. 반대로 삼각형 모양은 불안정한 느낌을 준다. 따라서 보는 사람이 불안정함을 느껴 더 주의를 기울일 수 있도록 '천천히' 또는 '양보' 등의 규칙을 나타낼 때 삼각형 표지판을 이용한다. 그리고 사각형 표지판은 안내나 유도를 나타낼 때 사용하며, 팔각형 표지판은 '정지'를 나타낼 때 사용하기도 한다. 역시 운전자의 불안한 심리를 자극하기 때문에 주의를 필요로 하는 표지판에 사용하는 모양이다.

도로 표지판의 모양이나 방향은 운전자의 심리를 고려하여 선택되었다. 동그라미, 세모, 네모 등 도로 위에서 쉽게 마주치는 표지판들은 생각지 못한 부분에서 우리의 안전을 확실하게 지켜주고 있다.

✿ 레드 와인잔이
화이트와인잔보다 큰 이유

오늘날 와인을 즐기는 사람들이 많아졌다. 와인은 한 병에 몇천만 원이나 하는 엄청난 고급 와인부터 천원 대에 구입할 수 있는 저렴한 테이블 와인까지, 그 종류가 다양하다. 가정에서도 쉽게 와인을 즐길 수 있게 된 지금, 적당한 수준의 와인이라도 충분히 맛있게 마실 수 있는 방법이 있다. 그 방법은 레드 와인인지, 화이트 와인인지에 따라서 잔의 종류를 다르게 하여 마시는 것이다.

레스토랑이나 바 등에서 제공하는 와인의 경우, 레드 와인은 화이트 와인보다 바닥이 둥글고 큰 잔을 사용한다. 반대로 화이트 와인은 바닥이 좁고 몸통이 긴 모양을 하고 있다. 이는 레드 와인과 화이트 와인, 각각 풍미의 특징을 더 돋보이게 하기 위한 것이다.

레드 와인은 강하고 짙은 향이 많은데, 비교적 온도가 높아 알코올이 강하게 느껴진다. 큰 와인잔에 담긴 와인을 천천히 흔들어 향을 즐기면서 마신다면, 레드 와인의 다채롭고 깊은 향을 더욱 잘 느낄 수 있다. 반면 화이트 와인은 입에 넣었을 때 깔끔하고 가벼운 느낌의 와인이 많고, 신선한 느낌이 특징이다. 마시는 와인의 온도가 낮기 때문에 작은 잔에 따라 마시면 그 신선함을 유지하면서 와인 본연의 맛을 즐길 수 있다.

반대로 레드 와인과 화이트 와인의 잔을 바꿔 마시면 신기하게도 각각의 특징적인 맛을 제대로 끌어내지 못하고 심지어 와인 자체의 맛도 반감한다. 반드시 비싼 와인잔을 준비할 필요는 없으므로, 시범 삼아 두 종류의 와인을 두 종류의 와인잔에 따라 비교해 보며 마시는 것도 재미있을 것이다.

✿ 직소 퍼즐 조각은 왜 '우물 정#'
모양을 하고 있을까

　　직소 퍼즐을 즐기는 사람들이 많아지고 있다. 직소 퍼즐은 조각이 크고 개수가 적다면 어린아이도 쉽게 즐길 수 있으며, 난이도가 높은 퍼즐은 어른들도 흥미롭게 가지고 놀 수 있다. 특히 퍼즐은 고령자들이 손끝 운동을 하는 데 효과적이라고 알려져 있기도 하다.

　　쉬운 그림이 그려진 40조각 정도의 유아용 직소 퍼즐부터 명화나 사진을 바탕으로 한 5,000조각이 넘는 직소 퍼즐까지 하는 사람의 실력에 따라 다양한 퍼즐을 골라 즐길 수 있다. 이런 직소 퍼즐은 조각의 개수나 난이도와 관계없이 조각의 모양이 모두 똑같다. 네 개의 모서리와 테두리를 만들기 위한 조각을 제외하고 모두 한자 '우물정'의 '井' 모양을 하고 있는 것이다.

여기에는 나름의 이유가 있다. 이러한 모양의 퍼즐 조각은 옆 조각과 딱 맞물려 잘 떨어지지 않는다. 퍼즐을 맞추며 몇 번씩 끼고 빼는 과정을 반복하면서 그 자리가 맞는지를 확인해야 하기 때문에 그때마다 주변의 조각이 흐트러지는 것은 그리 달갑지 않다. 직소 퍼즐 조각은 힘주어 누르지 않아도 딱 맞는 모양이어야만 하는 것이다. 또 이런 모양은 조각을 제대로 맞추었을 때, '딱'하고 맞아떨어지는 쾌감을 준다. 직소 퍼즐을 맞추어 나가며 그 감각을 느끼는 것도 완성을 향한 동기 부여가 될 것이다.

퍼즐끼리 맞물려 서로 잘 빠지지 않는 구조인 덕분에 평면뿐만이 아니라 입체 퍼즐도 만들 수 있다. 직소 퍼즐을 쌓아 올리고 그 안에 조명을 넣어 램프로 꾸미거나, 플라스틱 소재로 테두리도 함께 쌓아 올려서 장식할 수 있는 등 직소 퍼즐을 활용한 다양한 상품들이 다채롭게 나와 있다. 혼자하는 취미를 즐기거나 집에서 보내는 시간이 많다면 이처럼 아날로그 놀이를 해 보는 것도 좋은 방법이다.

✪ 우유팩의 입구는
왜 삼각 지붕 모양일까

우유에도 여러 종류가 있다는 사실을 알고 있는가. 오늘날 슈퍼마켓의 선반에는 무지방 우유, 저지방 우유, 저지 우유Jersey Milk(영국 해협 저지섬의 젖소에서 나오는 우유로 일반 우유에 비해 유지방 함량이 높다)까지 매우 다양한 종류의 우유가 진열되어 있다. 그리고 시중에 판매되는 대부분의 우유는 따르는 입구가 삼각 지붕 모양인 팩에 담겨 있다. 이 우유 팩의 정식 명칭은 '게이블톱gable-top'으로, 게이블이란 경사진 팔자 모양의 지붕을 의미한다. 말 그대로 매우 명쾌한 이름이라고 할 수 있다.

참고로 1930년대에 미국에서 고안된 게이블톱 용기는 당시 '퓨어팩pure-pack'이라고 불렸다. 팩의 윗부분을 삼각 지붕 모양으로 만든 이유는 따를 때의 편리성을 높이기 위해서다. 삼각 지붕의 내부에 공간이 존재하기 때문에 입구 부분을 열고 우유를 따를 때 팩 안의 우유가 갑자기 쏟아지는 것을 막을 수 있다. 또 지붕의 끝을 열어서 쉽게 주입구를 만들 수 있다는 장점도 존재한다. 하지만 이러한 우유 팩이 주류로 남아 있는 시장은 점점 줄어들고 있다.

많은 나라가 기존의 삼각 지붕 우유팩을 직육면체 용기에 뚜껑이 달린 우유팩으로 바꿔 사용하고 있기 때문이다. 이는 위생적이면서도 보존이 용이한데, 일부 국가에서는 설비나 투자 지연의 문제로 기존의 게이블톱 용기를 계속 사용하고 있다. 하지만 최근에는 뚜껑이 달린 용기로 바꾸는 대기업 제조사가 늘어나고 있는 추세다.

뚜껑이 있는 우유팩은 여는 것이 쉽고 냉장고 안에 넣어놨을 때 우유가 세는 일도 드물기 때문에 게이블톱 용기에서 뚜껑이 달린 형태로의 변화가 계속될 것으로 예상된다. 요즘은 쉽게 볼 수 없는 유리병에 담긴 추억의 우유처럼 게이블톱 용기에 담긴 우유도 '그런 것이 있었지'라며 그리워하는 날이 올지도 모른다.

✿ 동전이 동그란 모양인 이유

에도 시대를 배경으로 하는 시대극에는 '오반'과 '코 반'이라는 화폐가 등장한다. 큰 타원형에 가까운 외형은 현 대의 일본에서 유통되는 동전 모양과는 꽤 다르다. 메이지 시대 이전에는 동그라미 이외에도 오반, 코반처럼 타원형의 화폐부터 일부 은이나 일부 금처럼 사각형의 화폐도 있었다.

일본에서 유통되는 화폐가 동그란 모양으로 통일된 것은 메이지 시대부터 였다. 당시 대장성 관료였던 오쿠마 시 게노부가 화폐를 동그란 모양으로 바꿀 것을 메이지 정부에 진언하였다. 각이 없는 화폐가 더 사용하기 편리했고, 세월이 지나면서 품질이 저하되거나 깨지고 마모되는 부분이 적어 대량생산에 적합했기 때문이다.

동그란 동전은 지갑에 넣을 때도 사각형 동전보다 편

리하다. 각이 없어 모서리도 마모되지 않는다. 메이지 정부는 그의 제안을 받아들여, 화폐를 원형으로 통일하기 시작했다.

또 일본 동전 중 5엔과 50엔에 뚫린 구멍은 다른 화폐와 쉽게 구분하기 위한 목적으로 만들어졌으며 위조를 방지하는 역할도 함께 하고 있다.

오늘날 유통되는 동전들은 동그란 모양이 압도적으로 많다. 동그란 모양은 사용하기 편하고 제조 또한 용이하다. 게다가 모서리 마모 또한 방지할 수 있으니 세계 각국의 동전이 동그란 모양인 것도 이해가 간다.

✪ 110볼트 콘센트의 좌우 구멍 크기가 다른 이유

　해외로 여행을 가면 흔히 볼 수 있는 110볼트 콘센트를 자세히 살펴본 적 있는가. 좌우 구멍의 크기가 약간 다르다는 사실을 알 수 있다. 실제로 콘센트의 구멍은 오른쪽보다 왼쪽이 조금 더 큰데, 110볼트 콘센트의 좌우 구멍에는 각각 다른 역할이 있다.

　오른쪽 구멍의 크기가 조금 더 작은데, 콘센트를 통해 전자기기에 전류를 내보내는 역할을 한다. 반면 왼쪽 구멍은 전자기기에 흘러 들어간 전류가 콘센트를 통해 다시 돌아가기 위한 구멍이다. 왼쪽 구멍에는 접지선이 이어져 있어 만약 전자기기에 고압 전류가 흘러도 접지선을 통해 전기가 빠져나갈 수 있도록 길을 만들어 두어 화재가 발생하지 않도록 한다.

그렇다면 콘센트에 꽂는 전자기기의 플러그에도 좌우가 존재할까? 일부 제품을 제외하고 아무 쪽이나 꽂아도 상관없는 것으로 알려져 있다. 콘센트의 좌우에 주의해야 하는 전자기기가 있다면 전자 악기를 예로 들 수 있다. 표시가 되어 있는 쪽을 접지 부분에 꽂으면 노이즈가 감소하여 음질이 좋아진다고 한다. 언젠가 한번 시도해 보고 싶은 생활 속 팁이다.

실제로 같은 나라 안에서도 전압의 차이가 존재하거나 콘센트 모양이 지역마다 다른 나라도 있다고 한다. 예를 들어 미국에는 구멍이 두 개인 콘센트와 함께 그 아래에 구멍 하나가 더 있는 구멍 세 개짜리 콘센트도 있다. 그래서 해외여행을 나갈 때는 그 나라의 규격에 맞는 콘센트를 미리 알아볼 필요가 있다.

✿ 나사에는 왜
+와 -가 있을까

집집마다 공구 박스 하나쯤은 있을 것이다. 공구 세트를 구매하면 마이너스 모양의 일자드라이버와 플러스 모양의 십자드라이버, 송곳과 육각 렌치 등 간단한 공구를 한 번에 구비할 수 있다. 하지만 곰곰이 생각해 보면 주로 십자드라이버를 사용하고, 일자드라이버를 사용할 일은 생각보다 적지 않은가?

그도 그럴 것이 주변에서 흔히 볼 수 있는 대부분의 나사는 플러스 나사이다. 플러스 나사는 쉽게 힘을 가할 수 있고, 나사를 풀고 조이기도 편리하기 때문에 마이너스 나사보다 더 많이 사용된다. 그렇다면 마이너스 나사의 용도는 무엇일까? 마이너스 나사는 플러스 나사에 비해 쉽게 얼룩을 제거할 수 있다는 장점이 있어 '더러워지기 쉬운 장소'에 주로 사용하고 있다. 예를 들어 목욕탕처럼 물을 많이 사용하는 곳이나 야외 전등 등 물때와 진흙, 먼지로부터 오염되기 쉬운 장소에 사용하는 경우가 많다. 이처럼 흔하게 찾아볼 수는 없는 마이너스 나사지만, 일부러 이것을 고집하는 업계도 있다.

마이너스 나사는 플러스 나사보다 긴 역사를 가지고 있는데, 골동품처럼 오래 된 물건이나 희귀한 물건 등을 수리할 때에는 플러스 나사를 사용하면 그 물건이 가지고 있는 분위기를 해친다고 생각하여 일부러 마이너스 나사를 사용한다고 한다. 전통 공예 분야나 오랜 역사를 가진 고급 시계 또한 마이너스 나사를 고집하고 있다. 다시 말해, 플러스와 마이너스 나사는 그 특성이나 용도에 따라 구분하여 사용되고 있다고 볼 수 있다.

✪ 도넛에 동그란
구멍이 있는 이유

도넛은 반죽을 동그란 고리 모양으로 만들어 튀긴 과자로, 남녀노소를 불문하고 인기 있는 대중적인 디저트다. 특히 수많은 미국인이 즐겨 먹는 음식으로 아침 식사나 가벼운 끼니로 식탁에 자주 오르는 국민 식사 메뉴 중 하나이다. 도넛을 떠올리면 한가운데 동그란 구멍이 뚫린 모양이 먼저 생각나는데, 도넛에 왜 이런 구멍이 뚫려 있는 것일까?

도넛에 구멍이 뚫린 이유는 도넛의 제작 방법과 관련이 있다. 도넛은 밀가루를 사용한 생지를 기름에 튀겨 만든다. 한가운데 구멍이 뚫려 있으면 생지 안까지 빠르게 열을 통과시킬 수 있기 때문에, 짧은 시간에 실패 없이 튀길 수 있다는 장점이 있다.

최초로 도넛에 구멍을 만든 사람이 누구인가에 대해

서는 여러 가설과 의견이 분분하다. 메이플라워호(유럽 여러 나라와 영국 사이에 주로 포도주를 운반하던 무역선으로, 당시 박해 받던 청교도가 이를 타고 이주했다고 알려져 있다)를 타고 영국에서 미국으로 건너온 선교사라고 하는 사람도 있고, 혹은 어느 미국인 선원이 어머니의 튀김 과자를 개량한 것이라고 하는 사람도 있다. 그리고 오늘날 도넛은 구멍이 뚫리지 않은 모양도 많고, 크리스마스나 핼러윈 등 이벤트를 기념하기 위한 것이나 캐릭터 모양 등 종류가 매우 다양해졌다. 건강을 생각하는 마음도 더해져 구운 도넛이나 생 도넛 등 기름에 튀기지 않는 조리법도 많아졌다. 그래도 동그란 고리 모양이 도넛의 상징이라는 것은 변하지 않는다.

최근에는 '도넛의 구멍만 남기고 먹을 수 있을까'라는 철학적 명제를 고찰한 책인 《도넛을 구멍만 남기고 먹는 방법》이 출간되는 등 도넛의 모양에 매력을 느끼는 사람도 많아졌다. 도넛이 세계적으로 사람들에게 꾸준히 사랑받는 이유는 그 단순한 모양에 있을지도 모른다.

✿ 배수 파이프가 S자
모양인 이유

　　부엌이나 욕실 세면대 등 물을 사용하는 곳에는 반드시 배수관이 설치되어 있다. 시스템키친(개수대, 조리대 등이 일체화된 부엌 가구 시스템)에서는 밖으로 드러나 있는 경우가 드물지만 일반 부엌이나 욕실 세면대 등에서는 배수관을 쉽게 찾을 수 있다. 간혹 수납장으로 보기 싫은 배수관을 가리는 경우도 있지만, 문만 열면 바로 찾을 수 있다.

　　배수구에서 이어지는 관은 반드시 S자 모양으로 구부러져 있다. 가장 청소하기 어렵다고 느끼는 이 부분을 'S자 트랩'이라고 부르는데, 배수관에서 중요한 역할을 담당하고 있다. S자 트랩의 곡선 부분에는 흘려보낸 물의 일부가 남아 있다. 이 물이 하수관에서 올라오는 냄새를 차단하여 실내로 악취가 들어오는 것을 막아 준다. 만약 S자 트랩이 없다면 하수관과 실내를 차단하는 물이 사라져 악취가 생길 수 있고, 외부에서 쥐나 바퀴벌레가 집안으로 침투하는 경로가 될 수 있어 S자 모양의 역할 상당하다. 여러 장점이 있지만 S 자 모양의 배수관은 쉽게 막힐 수 있다는 단점 또한 가지고 있다. 배수구에 물을 흘려보낼 때는 종잇조각이나 머리카락 등의 이물질이 들어가지 않도록 주의하여 배수관이 막히는 상황을 방지해야 한다. 또 한 달에 한 번은 세정제로 배수관 안을 깨끗하게 청소하는 것을 추천한다. 실내의 위생 상태 를 보존하기 위한 S자 트랩이 비위생적인 상태라면, 주객전 도의 상황이 되어버리기 때문이다.

✿ 모기향은 왜 나선형일까

요즘은 여름 모기뿐만 아니라 가을 모기도 기승이다. 모기 때문에 밤잠 설쳐 본 사람이라면 모기가 접근하지 못하도록 미리미리 모기향을 꺼내 틀게 된다. 이렇듯 우리에게 익숙한 모기향은 지금 우리가 아는 나선형 모양이 아니었다.

일본 최초로 모기향을 발매한 기업은 100년 이상 스테디셀러 상품을 판매하고 있는 킨초kincho로, 1890년에 막대 모양의 모기향을 출시하였다. 그러나 막대 모양의 모기향은 40분 정도밖에 타지 않고 너무 가늘어서 연기가 적게 피었다. 또 이동 시에 쉽게 부러지는 등의 결점이 많았다. 이에 모기향을 두꺼운 나선형으로 제작하면서 운반 시의 충격을 줄일 수 있게 되었고, 동시에 연소 시간이 길고 연기의 양도 충분한 지금의 상품이 탄생하게 되었다.

우리나라는 모기향을 뾰족한 클립에 꽂아 사용하는 반면, 일본에서는 모기향을 넣는 돼지 모양의 도자기를 주로 사용한다. 왜 모기향을 넣는 그릇이 돼지 모양을 하고 있는지에 관해서는 몇 가지 설이 있다.

첫 번째는 아이치현 도코나메 지역에서 시작되었다는 설이다. 양돈장에 기승하는 모기를 쫓기 위해 토관 안에서 모기향을 피웠는데, 기존 그릇은 입구가 너무 넓어 연기가 분산되었다. 그래서 그릇의 입구를 오므렸더니 그 모습이 마치 돼지와 비슷했고, 그 지역만의 도자기 기술로 만든 것이 지역 특산품으로 인기를 끌게 되었다는 이야기다.

또 다른 설로는 이마도야키에서 시작되었다는 설이다. 에도 시대 후기의 유적에서 멧돼지를 닮은 모기향 그릇이 발견되었는데, 지역 사람들이 술병을 옆으로 눕힌 것 같은 모습에서 돼지 모양을 떠올리고 지역 특산품으로 제작하였다는 이야기다. 그 기원이 무엇이든 사랑스러운 돼지 모양의 그릇은 나선형 모기향과 함께 지금도 일본의 여름을 대표하는 상품으로 꾸준히 사랑받고 있다.

✿ 전화기와 계산기의
숫자 배열이 다른 이유

전화기와 계산기의 숫자 배열이 다르다는 사실을 알고 있는가? 유선 전화기와 스마트폰의 숫자 배열은 왼쪽 위에 1이 있고 아래로 갈수록 숫자가 차례차례 증가하며, 네 번째 줄에 차례로 *, 0, #이 있다. 반면 계산기는 세 번째 줄에 1, 2, 3이 나열되어 있고, 위로 갈수록 숫자가 증가한다. 참고로 계산기에서 0은 제일 아랫줄 왼쪽에 위치한다. 왜 전화기와 계산기의 숫자 배열이 다른 것일까?

전화기의 숫자 배열은 1964년, 미국에서 누름단추식 전화기를 최초로 개발한 인물이 생각해낸 것이다. 사람의 시선과 손가락의 움직임을 고려하여 더 쉽게 누를 수 있고 오류를 최소화할 수 있는 현재와 같은 숫자 배열이 결정되었다. 그리고 그것이 국제전기통신연합의 전기통신표준화 부문인 ITU-T에 의해 국제적으로 통일되었다.

반면 오늘날의 전자식 탁상 계산기의 경우, 대부분의 국가에서 숫자 배열이 지금과 다르게 뒤죽박죽인 계산기를 사용하고 있었다. 하지만 1965년, 카시오^{Casio}가 '14-A'라는 계산기를 통해 오늘날과 같은 숫자 배열을 고안해 냈다. 이는 인간 공학의 관점에서 더 사용하기 쉽게 만들어진 것으로, 후에 국제표준화기구인 ISO에 의해 세계적으로 통일되어 지금의 배열 방식으로 정착하게 되었다. 다시 말해 전화기와 계산기의 숫자 배열은 모두 각각의 용도에 맞게 사용의 편의성을 추구한 결과이며, 그것이 오늘날 세계 표준으로 사용되고 있는 것이다.

✿ 이제는 들을 수 없는
도장의 상식

　　중요한 계약이나 본인을 확인할 때 도장이 사용되는 경우가 많다. 먼저 도장의 모양은 크게 네 종류로 나눌 수 있다. 동그란 인면(글을 새기는 부분)에서 반대편 끝인 인꼭지(손으로 잡는 부분)까지 직선으로 뻗은 원기둥 모양을 '환봉'이라고 하는데, 일상생활에서 사용하는 막도장인 인인이나 법률상 본인의 책임을 증명하는 실인, 금융 기관에서 본인을 인증하는 은행인 등 주로 개인용으로 사용된다.

　　다음으로 동그란 인면과 인꼭지의 중간이 잘록한 모양의 도장은 '천환'이라고 하는데, 회사의 대표자인이나 실인 등으로 사용한다. 그리고 정사각형의 인면과 인꼭지의 중간에 잘록함이 있는 도장은 '천각'이라고 하며, 회사의 직인 등에 사용된다. 마지막으로 정사각형의 인면부터 인꼭지까지 일직선을 이루는 사각 기둥형 도장은 회사의 직인 등에 쓰이며, 도장의 측면에는 얇게 패인 자국이 있다. 이는 도장 인면의 위아래를 나타내기 위한 용도로 쓰이며도장을 쥐었을 때 검지로 잡는 곳에 위치한다. 덕분에 도장의 위아래를 쉽게 구분할 수 있어 방향을 헷갈리지 않고 도장을 찍을 수 있다.

스탬프형 도장처럼 가성비를 중요하게 생각하는 저렴한 도장에는 모두 인면의 방향을 나타내는 표시가 있지만, 도장 전문점에서 만드는 고급 인감에는 이 부분이 존재하지 않는 경우가 많다. 인감을 중요한 계약 등에서 사용하는 '또 한 명의 나'라고 인식하기 때문이다. 도장을 흠집 내고 조각한다는 것은 그 사람의 몸에 상처를 입히는 것과 동일하다고 생각하기 때문에 고급 인감일수록 도장에 조각을 남기지 않는 것이다. 평상시 아무렇지 않게 사용하는 도장이지만, 그 문화에는 도장 하나도 허투로 하지 않는 깊이가 담겨 있다.

✿ L자 홀더 파일에
반원과 삼각형 모양의 역할은?

우리가 흔히 사용하는 파일 중 하나가 L자 홀더 파일이다. 직장이나 학교에서 받은 서류와 프린트 뭉치를 넣어두기 편리하다. 판촉물이나 행사 굿즈 등으로도 인기가 있어이 파일을 찾는 사람도 적지 않다. L자 홀더 파일을 자세히보면 여는 부분의 위쪽에는 반원, 아래쪽에는 삼각형 모양으로 잘린 흔적이 있는데, 이러한 반원과 삼각형 모양에는각각 어떤 역할이 있을까?

먼저 종이를 꺼낼 때 위쪽의 반원 부분에 손가락을넣으면, 더욱 쉽게 파일을 열 수 있다. 이를 알고 있다면 아무리 미끌미끌한 파일이라도 어렵지 않게 내용물을 꺼낼 수있다. 그리고 삼각형 모양의 자국은 L홀더 파일의 밑면, 압착된 부분 바로 위에 있다. 파일을 열면서 압착 부분의 끝에 힘이 들어가 결국 파일의 밑면이 찢어지는 경우가 많은데, 바로 위를 삼각형으로 자르면 파일의 아랫부분에 들어가는 힘을 분산시켜 찢어짐을 방지할 수 있다.

　가볍고 단순한 구조로 편의점이나 문구점 어디서든 쉽게 구할 수 있을 정도로 저렴한 제품이다. 사소한 부분에 대한 고집으로 대충 만들지 않았다는 점에서 문구 제조 업계의 긍지가 되는 물건이라고 말할 수 있다.

✿ 일본에만 있는 독특한
모양의 우편번호 마크

일본에는 독특한 모양의 우체국 마크가 있다. 우체국 기호이면서 동시에 우편번호의 약자로 사용되는 마크다. 일본의 우편번호를 나타내는 '〒'는 언제, 어디에서 발견해도 바로 알아볼 수 있는 기호 중 하나이다. 이 모양은 무엇을 의미할까?

1887년 2월 8일, 일본에서는 우편번호에 '〒'라는 기호를 사용하기로 결정하였다. 다만, 그때는 '〒'가 아니라 'T'였다. 이는 당시 우편 행정을 담당하던 '체신성遞信省'을 영어로 표현한 'Teishinsyou'의 첫 글자인 'T'를 기호로 한 것이었다. 하지만 바로 직후에 'T'가 요금 미납을 나타내는 세계 공통의 기호로 이미 사용되고 있다는 사실을 알게된다. 혼란을 야기하지 않기 위해 우편번호 기호는 갑작스럽게 'T'

에서 '〒'로 변경되었고, 결국 '〒'가 우편번호의 공식 기호가 되었다.

　사실 'T'에서 '〒'가 된 이유에는 여러 가지 설이 있다. 체신성의 일본어 발음 '테이신ᵀᴱᴵˢᴴᴵᴺ'의 '테ᵀᴱ'를 도안화하였다는 설부터 단순히 'T'에 한 줄을 추가하였다는 설도 있지만, 어느 것이 맞는지는 알 수 없다. 참고로 '〒'는 일본에서만 사용하는 기호로, 다른 국가에서는 통용되지 않기 때문에 주의가 필요하다. 다른 나라를 여행하는 중에 우체국을 발견하더라도 이 기호는 찾을 수 없을 것이다.

✿ 크림빵은 왜 이런
모양이 되었을까

　　일본 애니메이션 〈날아라 호빵맨〉에는 친숙한 빵들이 캐릭터로 등장한다. 그 가운데 크림빵을 모티브로 한 '크림 판다'의 얼굴은 글러브를 닮아 있다. 애니메이션 캐릭터를 보면 알 수 있듯, 우리가 사 먹는 '크림빵'을 떠올리면 빵의 표면에 홈이 들어간 글러브 같은 모양이 가장 먼저 떠오른다. 하지만 크림빵이 처음 발매되었던 1904년에는 표면에 홈이 없었다고 한다.

　　크림빵의 원조는 도쿄 신주쿠의 나카무라야다. 창업자인 소마 부부는 언젠가 먹었던 슈크림의 맛에 감동하여, 슈크림을 빵에 활용할 방법을 고민하다가 크림빵을 고안하게 되었다. 참고로 1874년 당시에는 도쿄 긴자의 기무라야소혼텐에서 판매하는 단팥빵이 큰 인기였는데, 소마 부부는 크림이 팥보다 고급스러운 것은 물론 유제품이라 영양가가 높기 때문에 아이들에게 좋은 간식이 될 거라 생각했다고 한다.

판매 당시의 크림빵은 가시와모치(팥소를 넣어 떡갈나무 잎으로 싼 찰떡으로 주로 단오에 먹는다)와 같은 반원형 모양이었다. 반원형 모양이었던 빵이 왜 갑자기 오늘날 크림빵 같은 글러브 모양이 되었을까? 빵 모양에 대해서는 여러 가지 이야기가 전해진다.

최초로 크림빵을 만든 나카무라야의 홈페이지에 따르면 빵 표면의 홈은 빵 안의 공기구멍을 줄이기 위한 것이 아닐까 추측한다. 크림빵을 비롯하여 속에 앙금을 채우는 빵은 튀기고 부풀리는 과정에서 어쩔 수 없이 빵 내부에 공기구멍이 생긴다. 빵을 입으로 베어 물었을 때 공기구멍이 많을수록 느껴지는 맛이 약해지기 때문에 공기를 빼기 위한 홈을 넣었을 것이라는 설이다. 오늘날에는 글러브 모양뿐만이 아니라 다양한 모양의 크림빵이 판매되고 있다. 맛은 그대로 유지한 채, 시대와 함께 모양의 변화를 겪고 있는 것이다.

✿ 지하철 손잡이는 왜
○와 △ 모양일까

　　지하철이나 버스를 탄 뒤 손잡이를 잡아 본 경험이
있는가. 손잡이는 1870년경 영국의 철도마차에서 처음 사용
되었다고 전해진다. 우리나라 역시 열차가 붐비는 경우가 많
아 손잡이를 잡고 서 있는 승객들이 적지 않다. 과거에는 원
형의 손잡이가 일반적이었지만 요즘에는 삼각형 모양이 증
가하고 있다. 그렇다면 원형 손잡이와 삼각형 손잡이에는 어
떤 차이점이 있을까?

　　원형 손잡이는 손잡이를 쥐었을 때 검지와 새끼손가
락이 가깝게 붙어 잡기에 불편하다고 느끼는 사람이 있었
다. 반면 삼각형 모양의 손잡이는 엄지를 제외한 네 개의 손
가락으로 균등하게 잡을 수 있기 때문에 편하다. 또한 원형
손잡이는 열차가 크게 흔들리면 손잡이의 윗부분이 돌아가

어느 방향으로 움직일지 예측하기 어렵지만, 삼각형 손잡이는 손으로 잡은 부분이 좌우로밖에 움직이지 않기 때문에 몸을 고정하기 쉽다. 이러한 이유에서 삼각형 손잡이가 더 사용하기 편하다고 느끼는 사람이 많은 것이다.

　　다만 열차가 갑자기 흔들릴 때 순간적으로 잡기에는 원형 손잡이가 더 쉽다는 연구 보고도 있다. 흔들릴 때만 손잡이를 잡는다는 승객도 많아서 무조건 삼각형 손잡이가 이상적이라고도 말할 수 없다. 실제로 '어떤 모양의 손잡이가 더 좋은지'에 대한 의론은 아직 결착되지 않았다. '원형 손잡이가 좋을까, 삼각형 손잡이가 좋을까?'의 답이 밝혀지는 날이 과연 올 수 있을지 궁금하다.

✿ 서양식 찻잔에
손잡이가 생긴 이유

　　차를 마시는 문화는 중국에서 시작했다. 차는 귀중한 무역품으로 자리 잡으면서 세계 각국으로 퍼져 나갔는데, 그중에서도 유럽에서는 궁정과 귀족의 사치품으로 받아들여졌다. 차는 각 국가의 문화 속에 녹아들며 독특한 진화를 이루어 나갔다.

　　유럽에서 가장 먼저 홍차를 수입한 네덜란드는 동인도 회사(17세기 유럽 각국이 인도 및 동남아시아와 무역하기 위해 동인도에 세운 무역 독점 회사)를 통해 중국과 일본의 차를 수입하고 있었다. 당시 네덜란드가 중국과 인도네시아의 무역 루트를 통제하고 있었기 때문에, 영국은 1672년부터 1674년까지 치러진 제3차 영국·네덜란드 전쟁에서 승리한 이후에야 중국에서 찻잎을 직접 수입할 수 있게 되었다.

　　이후 영국은 단숨에 유럽 차 문화의 중심이 되었다. 우선 손잡이가 없고 깊이가 있는 티 보울에 차를 따르고 그 것을 소서(컵 받침)에 올린 다음 식혀서 마시는 방법으로 차를 즐겼다. 하지만 뜨거운 차를 더 보기 좋고 편리한 방법으로 마시고 싶다는 목소리가 커졌다고 한다. 그들은 주로 귀족들의 살롱에서 차를 즐겼는데, 우아하게 대화를 나누는 상황에서 뜨거운 컵 끝만 살짝 잡고 차를 마시는 모습은 그다지 편해 보이지 않았다. 그래서 찻잔에 손잡이가 탄생하게 된 것이다. 찻잔에 손잡이가 있으면 아무리 뜨거운 차라도 가뿐히 들 수 있다.

　　또 영국에서는 홍차를 마실 때 우유와 설탕을 넣어 즐기는 사람이 많다. 우유와 설탕을 섞을 때도 손잡이가 달린 찻잔이 훨씬 더 편했을 것이다. 이처럼 식문화의 차이는 도구의 다양성을 확장하는 또 다른 역할을 하고 있다.

✿ 남녀 화장실 기호는
어떻게 만들어졌을까

화장실 기호가 어떻게 생겨났는지 알고 있는가? 남자 화장실과 여자 화장실의 입구에는 각각 이를 나타내는 기호가 표시되어 있다. 사람들은 이 표시 덕분에 전 세계 어느 나라를 가더라도 안심하고 화장실을 이용할 수 있게 되었다. 지금 우리가 편하게 이용하고 있는 대부분의 기호들은 1964년 도쿄 올림픽이 개최되던 해에 탄생했다고 전해진다.

당시 올림픽에는 93개의 나라와 지역이 모였고 당연하게도 사용하는 언어가 모두 달랐다. 그렇다고 여러 장소의 안내와 표시를 모두 그들의 언어로 나타내기에는 한계가 있었다. 그래서 딱 보면 무엇을 표현하는지 바로 이해할 수 있는 다양한 기호들이 도입되었다. 이를 한 단어로 '픽토그램 pictogram'이라고 부른다.

이때 선수촌이나 티켓 판매소, 공중전화 등 많은 픽토그램이 고안되었는데, 화장실 기호도 이 시기에 만들어졌다. 원래 화장실 기호는 남녀 모두 검은색이었지만, 이후에 남자는 파란색, 여자는 빨간색으로 더 구별하기 쉽게 변경되었다. 그 뒤 다양한 픽토그램이 계속해서 만들어졌고, 비상구 표시나 금연 기호, 장애인 전용 표시 등 전 세계에서 공통으로 사용하는 픽토그램이 증가하고 있다.

참고로 최근에는 화장실 기호에도 변화가 생겨 노르웨이에서는 젠더 프리 화장실을 나타내는 '유니섹스 화장실'이 만들어졌고, 새로운 기호가 만들어져 활발하게 사용되고 있다. 이 기호 역시 언젠가는 전 세계 화장실에서 고루 사용하게 될지 모른다.

✿ 맨홀 뚜껑은 왜
동그라미일까

    길을 걷다가 시선을 아래로 떨어뜨리면 어렵지 않게 맨홀 뚜껑을 발견할 수 있다. 맨홀은 거리에서 빼놓을 수 없는 존재인데, 곰곰이 생각해 보면 맨홀 뚜껑은 모두 동그란 모양을 하고 있다. 언뜻 보면 사각형이나 삼각형 모양의 맨홀도 괜찮을 것 같은데, 아무리 찾아봐도 그런 독특한 모양의 맨홀은 볼 수 없었을 것이다. 사실 맨홀 뚜껑이 동그란 모양인 데는 특별한 이유가 있다.

    맨홀 뚜껑이 동그라미라면 어떤 방향으로도 지름이 모두 동일하기 때문에 구멍에 딱 맞출 수 있다. 또한 뚜껑이 어긋나더라도 맨홀 안으로 떨어지지 않는다. 이는 마치 어떠한 방법을 동원해도 병뚜껑이 병 안으로 들어가지 않는 것과 같은 이치다. 만약 맨홀 뚜껑이 삼각형이나 사각형이라면 방향에 따라 맨홀 안으로 뚜껑이 떨어질 수 있기 때문에 매우 위험한 상황이 발생할 것이다. 즉 맨홀의 동그란 뚜껑은 낙하 사고를 방지한다.

또한 뚜껑이 동그란 모양이면 바닥에 굴려 가며 옮길 수 있어 편리하다. 모서리가 없기 때문에 잘못하여 모서리가 깨지는 경우도 없다. 맨홀은 수천 년 전 고대 로마의 유적에서도 발견되었는데, 그때도 뚜껑은 동그란 모양이었다. 하수도에 들어가 작업하는 사람의 안전을 배려하고, 길을 걷는 사람이 맨홀에 빠지는 사고를 예방하는 마음은 아득히 먼 옛날부터 존재했던 것이다.

✿ 왜 라멘 그릇에는
소용돌이 무늬가 있을까

　　우리나라에도 일본 라멘을 즐겨 먹는 사람이 많다. 일본 라면 업계는 눈이 핑핑 돌 정도로 트렌드가 빠르게 변화하고 있다. 국물 없는 라멘부터 국물에 찍어 먹는 츠케멘, 김과 시금치가 들어간 이에케라멘까지 그 종류 또한 다양해졌다. 그리고 그만큼 인기 가게도 빈번하게 교체되는 전쟁 같은 시장이 계속되고 있다.

　　라멘 가게는 옛날부터 대를 잇는 좁은 입구의 가게부터 프렌치 레스토랑이나 고급 음식점이라고 생각할 정도로 고급스러운 가게까지 그 모습이 천차만별이다. 또한 라멘 전용 그릇이 정해져 있는 것은 아니기에 가게마다 특색있는 그릇을 내놓기도 한다. 하지만 옛날 모습을 갖춘 가게라면, 그릇의 가장자리에 소용돌이 모양이 그려져 있는 추억의 그릇이 안성맞춤일 것이다.

대부분의 일본인이 라멘을 떠올리면 소용돌이가 그려진 그릇이 함께 떠오를 정도로 그릇의 모양은 사람들의 머릿속 한 편에 자리를 잡고 있다. 소용돌이 모양의 정식 명칭은 번개무늬라는 뜻의 '뇌문'으로, 중국의 전통적인 무늬이다. 이는 자연의 위협적인 존재인 번개를 모방한 것이며, 중국 은나라와 주나라 시대부터 이를 찾아볼 수 있다.

마귀를 쫓는다는 의미가 담긴 뇌문은 중국에서 귀족들이 사용하는 도자기에 그려졌다. 일본에서 번개무늬가 라멘 그릇에 그려진 것은 다이쇼 시대(1912년~1926년)라고 추정하는데, 서민의 인기 음식이 된 라멘의 전용 그릇을 제작하려고 했을 때 중화의 이미지를 도입하기 위해 뇌문을 그린 것이 아니냐는 추측이 있다.

이외에도 라멘 그릇에는 용이나 봉황, 쌍희문 등 좋은 징조를 나타내는 중국의 무늬가 그려진 것이 많다. 그 덕분인지 라멘은 오늘날까지도 변함없이 사랑받는 메뉴로 전해지고 있다.

✪ 일본 전통 우산의
손잡이가 직선인 이유

우리가 알고 있는 우산과 일본 전통 우산이 다르다는 사실을 알고 있는가? 장마처럼 비가 계속 내리는 시기에는 좋아하는 우산을 쓰는 것만으로도 울적한 기분을 조금이나마 달랠 수 있다. 접는 우산, 원터치 자동 우산, 초경량 우산 등 다양한 기능의 우산이 판매되고 있고, 색이나 모양, 소재 또한 고르기 어려울 정도로 풍부해졌다. 보통은 우리가 알고 있는 모양의 일반 형태의 우산을 사용하지만, 일본에는 '와가사'라고 불리는 독특한 우산이 존재한다.

일본 전통 종이로 제작된 와가사는 서양식 우산처럼 누르개를 사용하지 않는다. 그리고 가장 큰 차이점은 손잡이의 모양이 일반 우산과 다르다는 것이다. 서양식 우산은 손잡이가 'J'자로 구부러져 있어 손목에 걸 수 있고, 그 덕분에 우산을 접은 채로도 쉽게 들고 다닐 수 있다. 지팡이와 비슷한 모양으로 만들어진 서양식 우산은 당시 우산을 들고 다니는 습관이 없었던 사람들도 쉽게 받아들일 수 있도록 연구된 결과라고 한다.

반대로 손잡이가 일직선인 와가사는 우산 전체가 마치 하나의 막대기와 같은 모습을 하고 있다. 여기에는 조금 놀랄만한 이유가 있다. 사실 손잡이처럼 보이는 부분은 우산을 세워둘 때 땅과 닿는 부분으로, 서양식 우산과 완전 반대 방향으로 우산을 접는다. 와가사에는 우산을 접었을 때, 그 상태를 유지하는 누르개 부분이 없어서 서양식 우산처럼 손잡이를 들면 우산이 펴지고 만다. 손잡이로 보이는 부분을 아래로 하여 우산 꼭지에 감겨 있는 끈을 잡거나, 겨드랑이에 끼는 방법으로 잡는 것이 옳다.

✿ 와인병 모양은 왜
다르게 생겼을까

    와인병 모양이 지역에 따라 다르다는 사실을 알고 있는가? 최근에는 집 앞 마트에도 세계 각국의 와인이 구비되어 있을 정도로, 오늘날 와인은 사람들의 식생활 일부를 차지하고 있다. 와인을 좋아하는 사람 중에는 '에티켓'이라고 불리는 라벨을 수집하는 사람도 있는데, 라벨이 붙어 있는 와인병도 색과 모양이 다양하므로 이를 비교하는 것 역시 매우 즐거운 일이다.

    와인병은 모양을 보고 비교할 수 있다. 병 모양에 따라 '처진 어깨 모양'과 '각진 어깨 모양'이 있는데 저마다 모양이 다른 이유가 있다. 각진 어깨 모양은 보르도^{bordeaux} 타입이라고 부르며, 프랑스 보르도 지방에서 생산된 와인에 적합한 와인병이다. 보르도 와인은 타닌이 많이 포함되어 있다는 특징이 있는데, 이 때문에 타닌이나 폴리페놀이 결정화된 침전물이 많이 나와 그대로 와인잔에 따르면 와인 본연의 맛을 깔끔하게 즐기기 어렵다. 그래서 와인병의 어깨 부분에 각을 만들어 침전물이 들어가지 않도록 하는 것이다.

반면 처진 어깨 모양의 병은 프랑스 부르고뉴 지방에서 생산된 와인에 사용된다. 부르고뉴 와인은 보르도 와인에 비해 침전물이 적기 때문에 와인병의 어깨가 비스듬해도 문제가 없다. 또한 부르고뉴 와인은 '까브cave'라는 지하 저장고에 보관하는데, 와인병의 어깨가 비스듬하기 때문에 서로 엇갈려 나열할 수 있어 공간을 효율적으로 활용할 수 있다는 장점이 있다. 이처럼 와인의 특성에 따라 병의 모양이 다르다는 사실을 기억한다면 와인을 고를 때 많은 도움이 될 것이다.

✿ '스마일 마크'가 탄생한 이유

스마일 마크는 어느 나라를 가도 동일하게 '웃음과 행복의 상징'으로 알려져 있다. 이 마크는 노란색 얼굴, 점으로 그려진 눈, 웃고 있는 입의 단순한 모양이지만 확실히 보는 것만으로도 행복한 기분이 든다. 모두가 알고 있는 디자인으로 주위에서 자주 볼 수 있는 마크지만 이 마크가 어떻게 탄생하게 되었는지 알고 있는 사람은 많지 않을 것이다.

원래 이 스마일 마크는 한 회사를 선전하기 위해 고안된 디자인이었다. 그 회사는 미국 매사추세츠에 위치한 '스테이트 생명 보험State Mutual Life Assurance Company'(현 하노버 인슈어런스Hanover Insurance)'의 관련 회사가 캠페인에 사용하기 위해 만든 것이다. 사내 디자이너인 하비 볼Harvey Ball이 단 10분 만에 고안한 디자인으로 유명하다. 그것이 눈 깜짝할 사이에 퍼져

나가 전 세계로 확산된 것이다.

　　스마일 마크는 세계 평화의 상징으로서 세계적으로 인지도가 97%에 이른다고 한다. 참고로 최초로 스마일 마크를 디자인한 하비 볼은 단 45달러의 디자인 비용만 받았을 뿐, 그 외의 다른 보상은 받지 않았다. 만약 그가 상표 등록을 했다면 지금쯤 세계적인 억만장자가 되었을지도 모른다.

✿ 캔 뚜껑과 캔 따개 고리가 일체형이 된 이유

지금의 캔 뚜껑 고리가 예전과 다르다는 사실을 알고 있는가? 1980년대까지 캔 음료는 주로 풀톱pull-top 혹은 풀링pulling이라고 불리는 입구의 고리를 잡아당겨 개봉했다. 이 때문에 캔 뚜껑 고리를 수집하거나 손가락에 끼우고 놀았던 추억을 가진 사람도 많을 것이다. 그랬던 캔 음료가 오늘날에는 뚜껑을 개봉해도 캔에서 고리가 떨어지지 않는 형태로 변화하였다.

이런 스테이온탭stay-on-tap 방식은 1989년, 일본의 전통주조회사인 다카라주조의 'PADI'라는 청량음료의 용기에 처음 쓰였다. 이전까지는 사람들이 개봉한 캔 뚜껑을 아무렇게나 버리는 바람에 어린아이나 동물들이 뚜껑을 입에 넣어 상처를 입는 일이 많이 발생했다. 이 문제를 심각하다고 인식한 음료 제조사가 쓰레기 투기와 이물질 삼킴의 위험성을 방지하기 위해 스테이온탭 방식을 개발한 것이다.

스테이온탭 방식이 채용된 이후, 그 기능성과 안정성이 좋은 평가를 받아 여러 기업에서 다양한 제품에 사용할 수 있게 되었다. 캔 뚜껑이 따로 분리되지 않아 아무 곳에나 함부로 버리는 일이 줄었고, 중요한 화두였던 환경 문제도 함께 해결할 수 있게 되었다. 이와 비슷한 이유에서 뚜껑을 열어도 떨어지지 않고 붙어 있는 페트병 제품도 함께 개발되어 판매하게 되었다.

사람들이 아무 곳에나 쓰레기를 투기하고, 뚜껑으로 인한 안전사고가 잦아지는 것을 것을 방지하기 위해 '떨어지지 않게 한다'라는 단순한 발상의 일체형 고리가 만들어졌다. '뚜껑을 열면 따로 분리된다'라는 기존의 사고방식을 뒤집고 제품을 바꾼 혁신적인 사례가 되었다.

✿ 신사 입구의 기둥은 왜 모두 비슷한 모양인가

    일본을 여행하며 신사 앞을 지나게 되면 자연스럽게 입구의 붉은 기둥이 눈에 들어올 것이다. 조거鳥居라고 불리는 신사의 기둥은 '신의 심부름꾼인 새가 머무는 장소' 또는 '신사를 들어갈 때 지나는 곳'이기 때문에 '어느 신사든 일단 붉은색'이라고 생각하는 사람이 많다. 게다가 그 모양도 정해져 있다고 생각할 수 있겠지만 실제로는 그렇지 않다.

    실제 신사의 모양은 물론이고 색과 만들어지는 재질에는 아무런 제약이 없다. 구조상의 정해진 규칙이 없는 것이다. 모두 신사 측, 또는 신사에 기부하는 사람들이 의도하는 대로 자유롭게 결정할 수 있다. 다만 오늘날 신사에 붉은 기둥이 많은 이유는 일본에서는 예로부터 주홍빛이 마력에 대항하는 힘을 가지고 있다고 믿었기 때문이다. 때문에 파란색이나 노란색 기둥을 쓸 수 있음에도 유독 붉은 기둥이 많이 쓰이는 것이다.

실제로 신사의 여러 기둥을 자세히 살펴보면 기둥의 모양은 직선이나 곡선 등 매우 다양하며, 소재도 각목이나 두리목(둥근 재목) 등 다채롭게 사용된다. 심지어 스테인리스로 제작한 기둥도 있다. 일본 여행을 하다 길에서 신사의 기둥을 보게 되면 이러한 사실을 떠올리며 주의 깊게 관찰해 보는 것도 재미있는 일일 것이다.

✿ 크루아상이 초승달
모양인 이유

    바삭한 식감에 버터의 풍미가 흘러넘치는 빵 중에는 프랑스의 대표적인 빵 크루아상이 있다. 국내에서도 정통 크루아상을 쉽게 접할 수 있게 되었으며, 그 맛은 원조가 무색할 정도라고 말할 수 있는 수준이다. 크루아상 생지를 이용해 직접 빵을 구워 먹는 사람부터, 크루아상을 와플기계에 눌러 먹는 '크로플'이 유행할 만큼 크루아상의 인기가 높아졌다. 많은 가게가 크루아상을 특유의 초승달 모양으로 만드는데, 사실 여기에는 놀라운 역사 이야기가 존재한다.

    크루아상의 발상지는 오스트리아다. 17세기 오스만 튀르크 군이 오스트리아에 몰래 침입했을 때 이를 우연히 발견한 제빵사 덕에 훌륭하게 격퇴할 수 있었던 것을 축하하는 의미에서 만들어진 빵이라고 한다. 당시 '키펠kipferl'이라 이름이 붙여졌던 이 빵은 오스만 튀르크 군의 깃발에 그려진 초승달을 모티브로 하고 있다. 빵을 씹어 먹으면서 오스만 튀르크 군에 대한 승리를 표현한 것이다.

하지만 이 빵을 널리 알린 사람은 세계사에 자주 등장하는 인물, 오스트리아의 공주였던 마리 앙투아네트^{Marie Antoinette}였다. 18세기, 마리 앙투아네트는 루이 16세^{Louis XVI}와 결혼하며 오스트리아에서 프랑스로 건너오게 되었는데, 그때 그의 전속 제빵사가 키펠을 프랑스 궁정에 도입하였다.

사치에 빠져 악명이 높았으며 '빵이 없으면 과자를 먹으면 된다'라는 말을 남겼다는 마리 앙투아네트. 프랑스 혁명의 단두대에서 목숨을 잃은 그녀가 프랑스 문화를 발전시키는 데 공헌했다는 것은 틀림없는 사실이다.

✿ 그랜드 피아노가
곡선 모양인 이유

　티브이를 통해, 인터넷을 통해, 또는 직접 유명 콩쿠르를 본 적이 있는가? 콩쿠르를 떠올리면 넓은 무대 위에 놓인 피아노 한 대가 연상될 것이다. 그리고 그 피아노는 대부분 크고 화려한 모습의 그랜드 피아노다.

　그랜드 피아노는 유선과 직선이 어우러진 독특한 모양을 하고 있다. 뚜껑을 열면 소리가 더욱 울리기 때문에 피아노의 음색이 큰 홀의 구석구석까지 전달된다. 그랜드 피아노의 독특한 모양은 고급스러운 디자인을 중시한 것이 아니라, 음을 내는 방법에 따른 결과라고 한다.

　가정에서 흔히 두고 쓰는 업라이트 피아노는 수직 방향으로 조여진 현을 수평으로 때려 소리를 만든다. 그에 비해 그랜드 피아노는 수평 방향으로 조여진 현을 위에서 누르는 구조이다. 다시 말해 그랜드 피아노는 서로 다른 길이의 현을 담기 위해 우리가 아는 곡선의 모양이 된 것이다. 음의 높이에 따라 현의 길이와 울림판의 면적이 다르기 때문에 피아노의 모양이 유선으로 휘었는데, 이는 아름다운 음을 연주하기 위해 특화된 최고의 모양이라고 한다. 최초의 피아노는 기본적으로 우리가 알고 있는 그랜드 피아노의 구조를 하고 있으며, 가정이나 학교 등 공간에 제약이 많은 좁은 공간에 피아노를 두기 위하여 고안된 형태가 업라이트 피아노이다.

여담이지만 오늘날 세계적으로 유통되는 윤기 나는 검은색 피아노는 일본에서 처음 시작되었다고 한다. 마호가니로 제작되어 나뭇결이 있던 해외의 피아노를 수입한 일본의 피아노 제조사가 온도와 습도가 높은 일본의 기후에 맞게 옻칠을 하였고, 그 결과 윤기가 흐르는 아름다운 색이 세계적으로 퍼져 나가게 되었다.

세계를 움직이는 모양과
세계를 바꾼 모양 이야기

✿ 코로나19의 '코로나'에는 어떤 모양이 숨어 있을까

　　WHO가 발표한 신종 코로나바이러스의 공식 명칭은 'COVID-19'다. 우리나라는 질병관리본부의 건의를 수용해 '코로나19'로 부르고 있다. 세계를 강타한 이 바이러스의 이름에는 왜 '코로나Corona'라는 단어가 들어가 있을까? 사실 그 이름에는 바이러스의 감염을 확대시키는 중요한 요인 중 하나가 숨어 있다.

　　코로나는 그리스어로 '왕관'을 의미한다. 텔레비전에서 코로나19의 관련 영상을 본 적 있다면 이미 눈치챘을지도 모르지만, 코로나바이러스의 표면에는 독특한 모양의 돌기가 존재한다. 그 모양이 마치 왕관과 닮아 '코로나바이러스'라는 명칭이 붙여진 것이다.

　　또 돌기를 두른 바이러스의 전체적인 모양이 태양의

대기인 코로나가 태양의 표면에서 피어오르는 모습과 비슷하여 붙여진 이름이라는 의견도 있다. 어쨌든 코로나바이러스의 돌기 부분이 심상치 않은 존재임은 분명하다. 왕관 모양의 돌기가 사람의 세포에 침입하기도 하고, 인체의 건강한 면역들이 하는 공격을 피하기도 한다. 바로 이 '왕관'이 신종 코로나바이러스의 감염을 확산시킨 원흉인 것이다.

♻ 올림픽의 상징 오륜기
모양의 비밀

올림픽의 상징이라고 하면 가장 먼저 오륜기가 떠오른다. 오륜기는 1914년 국제올림픽위원회인 IOC의 설립 20주년 기념식전에서 처음 선보였으며, 1920년 벨기에 안트베르펜 올림픽부터 사용되기 시작했다. 그렇다면 오륜기의 다섯 바퀴는 무엇을 의미하고 있을까?

다섯 개의 바퀴는 각각 유럽, 미국, 아프리카, 아시아, 오세아니아 대륙을 뜻한다. 다시 말해 다섯 개의 바퀴가 서로 포개진 모양은 다섯 대륙이 서로 연결되고, 세계 속에서 사람들이 손을 마주 잡고 있는 모습을 표현한 것이다.

또 위에는 세 개, 아래에는 두 개의 바퀴가 나란히 있는데, 그 모양은 전체적으로 알파벳 'W'처럼 보인다. 이는 당연히 세계를 의미하는 'World'의 첫 글자 W를 나타내고 있다. 또 다섯 개의 바퀴는 각각 파랑, 노랑, 검정, 초록, 빨강, 그리고 바탕색인 하양까지 여섯 색으로 각기 다른 색을 띄고 있다. 이들 색으로 세계의 모든 국기를 그릴 수 있다는 의미를 담고 있다고 하지만 이에 대해서는 여러 설이 있어 정확한 의미는 알 수 없다. 어쨌든 그 의미를 알고 나면, 오륜기는 물론이고 올림픽이 상징하는 여러 의미를 다시 한 번 생각해 볼 수 있을 것이다.

✪ WHO의 마크에는 왜 뱀과 지팡이가 있을까

　　코로나19의 감염이 확산되는 과정에서 세계보건기구인 WHO와 관련된 뉴스가 크게 늘었다. 뉴스를 통해 WHO의 상징 마크를 본 사람도 많을 것이다. WHO의 마크는 '지팡이를 감고 있는 뱀' 모양의 인상적인 도안인데, 이는 과연 무엇을 의미하고 있을까?

　　먼저 지팡이는 그리스 신화에 등장하는 의술의 신 아스클레피오스가 들고 있는 물건이다. 아스클레피오스는 많은 사람을 치료하였는데, 심지어 죽은 사람까지 소생시켜 명계의 신 하데스가 분노했을 정도라고 한다.

　　아스클레피오스의 지팡이가 WHO의 마크로 사용된 것은 어찌 보면 자연스러운 일이다. 다만 이 신화에는 지팡이만 나오고 뱀은 등장하지 않는다. 이 때문에 WHO 마크

속 뱀에 관해서는 매우 다양한 해석이 존재한다.

먼저 뱀은 탈피를 반복하는 동물이다. 탈피는 재생과 젊음으로 이어진다. 그래서 WHO의 의미와 잘 어우러진다는 의견이 있다. 또한 뱀의 몸에는 독이 되는 물질도 있고 약이 되는 물질도 있다. 마찬가지로 의학은 '삶과 죽음', '건강과 질병'이라는 서로 상반되는 의미가 마주보고 있다. 이처럼 뱀과 의학의 양면성을 연결 지어 뱀의 형상을 지팡이와 함께 마크로 사용하였다는 의견도 있다.

사실 WHO뿐만 아니라 세계의 여러 의료 기관에서 뱀과 지팡이를 상징으로 마크나 로고를 만들어 쓰고 있다. 뱀은 기분 나쁜 동물이 아니라 의학의 진정한 의미를 담고 있는 동물인 것이다.

✿ 달러 기호는 왜
$ 이런 모양일까

　　알파벳 S에 세로로 선을 그리면 달러를 나타내는 통화 기호가 된다. 이 줄은 한 줄이든 두 줄이든 상관없다. 오래 전부터 달러의 통화 기호로 사용된 $는 언제부터 달러를 상징하는 기호가 되었을까?

　　이 기호가 사용된 기록을 살펴보면 1770년대로 거슬러 올라간다. $는 영국의 식민지였던 북미와 멕시코가 주고받았던 문서에서 주로 사용되었는데, 이때 $는 달러가 아니라 멕시코 통화인 '페소peso'를 나타내는 기호였다. 이후 영국으로부터 독립한 미합중국에서도 이 기호를 사용했고 1979년에는 최초로 '$'가 각인된 동전이 만들어지게 되었다.

　　달러의 통화 기호가 어디에서 유래하였는지에 대해 여러 이야기가 전해진다. 페소의 P와 S를 겹친 모양이라는 이야기, 영국의 옛 화폐인 실링shilling의 통화 기호 S에서 유래되었다는 이야기, 심지어 고대 로마의 통화인 세스테르티우스sestertius의 'HS'라는 통화 기호가 기원이라는 이야기 등 매우 다양한 가설이 전해진다.

그중에서 가장 유력한 이야기는 '페소 기원설'이다. 미국이 독립하기 전에는 미국의 기축이었던 멕시코와 그의 종주국이었던 스페인의 통화 페소가 세계적으로 통용되고 있었다. 그러나 매번 'peso'라고 표기하기 힘들어 글자를 흘려 쓰기 시작했고, $와 같은 모양이 탄생하게 되었다는 것이다. 만약 이것이 사실이라면 달러의 탄생 비화는 페소에서 유래한 기호라는 매우 흥미진진한 이야기가 될 것이다.

♤ 일본의 장기는 왜 독특한
오각형 모양일까

'쇼기'라고 부르는 일본의 장기는 다른 국가의 장기짝과는 다르게 세로로 긴 오각형 모양을 하고 있다. 일본의 장기짝이 왜 이런 모양이 되었는지에 대해서는 여러 가지 이야기가 전해진다. '장기짝이 가리키는 방향을 한눈에 볼 수 있도록 한 것이다' 혹은 '절에서 공양을 위해 경을 적은 세로로 긴 모양 판자인 탑파를 따라 만든 것이다' 등 다양한 설이 있지만, 무엇으로 유래된 모양인지 정확하게 말할 수는 없다.

한편, 장기짝의 크기는 이것이 가진 가치에 따라 다르다. 일본 장기에서 가장 가치가 높은 왕장(옥장)의 말이 제일 크고, 가장 약한 말인 보병의 말이 가장 작다. 이는 체스와도 비슷한데, 체스 역시 킹과 퀸이 가장 크고, 폰이 가장 작다.

일본 장기의 뿌리는 고대 인도의 게임 '차투랑가 chaturanga'라고 전해지는데, 이 게임이 페르시아를 거쳐 아시아와 유럽으로 확산되었고 일본 내에서 쇼기라는 이름의 게임으로 발전했다고 전해진다. 하지만 쇼기라는 게임이 언제부터 일본에서 시작되었는지는 정확히 알려지지 않았다. 다만 가장 오래되었다고 여겨지는 장기짝은 헤이안 시대(794년~1185년)의 목간(글을 적는 나뭇조각으로 종이가 없던 시절에 주로 사용했다)과 함께 발견되었다. 같은 시대의 서책에도 쇼기에 대해 다루고 있는 부분이 등장한다.

쇼기는 장기짝과 장기판의 소재를 비롯해 문자를 새기는 방법 등 다양한 부분에서 매우 섬세한 주의를 기울이고 있다. 말을 움직일 때의 소리 혹은 글자의 서체까지 모든 지식과 연구를 쏟아내도 끝이 없다. 그래서인지 일본에서는 장기 도구 그 자체가 마치 미술품처럼 다루어지는 경우도 많다. 물론 가볍게 장기를 즐기고 싶다면 간단한 준비물을 갖추고 하는 것만으로도 충분하다.

✪ 골프공 표면이 올록볼록한 이유

골프공을 손으로 만져보면 표면에 자잘한 홈이 많이 파여 있다는 걸 알 수 있다. 골프공 표면의 홈들은 전문용어로 '딤플dimple'이라고 부른다. 딤플은 간단히 말해 골프채로 공을 쳤을 때 공기의 저항을 줄이고 양력(유체 속을 운동하는 물체에 운동 방향과 수직으로 작용하는 힘)을 증가시켜 공이 더 멀리까지 날아가게 하는 역할을 한다. 만약 같은 사람이 같은 조건과 환경에서 딤플이 없는 매끈한 공과 딤플이 있는 공을 각각 친다면, 매끈한 공은 딤플이 있는 공에 비해 비거리가 절반밖에 나오지 않는다고 한다. 이를 봐도 알 수 있듯 골프에서 딤플의 역할이 크다고 할 수 있다.

골프는 현대인들이 즐겨하는 스포츠로 스코틀랜드에서 처음 시작되었다. 오랜 역사를 지닌 스포츠지만, 골프공에 딤플이 만들어진 것은 1990년대 초반이라고 한다. 처음 만들어진 골프공은 표면이 매끈매끈했다. 그러나 연습을 거듭하면서 공 이곳저곳에 흠집이 생겼고, 표면이 울퉁불퉁할수록 공이 더 멀리 날아간다는 사실을 발견하였다. 19세기 후반에는 올록볼록한 그물 모양의 공이 유행하였으며, 이후 개량을 거듭하여 1908년에는 처음으로 딤플이 새겨진 골프공이 만들어지게 되었다.

요즘은 실력 있는 아마추어 선수라면 드라이버로 약 300야드의 비거리를 기대할 수 있는 시대이다. 기술이나 클럽의 역할도 물론 중요하지만 거기에는 골프공에 새겨진 딤플의 존재를 빼놓을 수 없을 것이다.

✿ 럭비공은 왜 타원형일까

　　야구나 축구처럼 인기 스포츠는 아니지만, 월드컵을 개최하면서 단숨에 주목 받은 스포츠가 있다. 바로 럭비다. 강도 높은 훈련으로 육체를 단련한 선수들이 몸을 강하게 부딪히며 움직이는 박력 넘치는 럭비 경기는 구체적인 규칙을 알지 못하더라도 그 매력에 빠지기 충분하다. 역동적인 럭비 경기를 보고 나면 이런 생각이 들 것이다. 럭비공은 왜 타원형 모양일까?

　　여기에는 다양한 이야기가 전해진다. 럭비와 축구의 기원은 '풋볼'이라는 스포츠인데, '손으로 잡는' 형식의 경기는 일부 지역의 풋볼 규칙에서 탄생한 것이라고 한다. 머지 않아 손을 사용하는 경기 방식이 럭비로 발전하였는데 공이 너무 크거나 무거우면 경기 중 안고 달리기에 무리가 있었다. 그래서 구두를 만드는 장인이었던 윌리엄 길버트^{William Gilbert}가 적절한 탄력과 내구성이 좋은 돼지의 방광을 이용하여 럭비공의 속을 만들고, 거기에 소가죽을 덮어 우리가 알고 있는 초기 럭비공을 완성시켰다.

이 공을 가지고 달렸던 사람이 바로 럭비의 창시자라고 불리는 윌리엄 웹 앨리스^{William Webb Ellis}라는 소년이다. 그가 달린 무대가 된 곳이 영국의 '럭비^{Rugby}'라는 마을에 위치한 '럭비 학교^{Rugby School}'였던 것이다. 현재 길버트의 이름은 전통 깊은 럭비공 제조 기업으로, 또 앨리스라는 소년의 이름은 럭비 월드컵인 '웹 앨리스 컵^{Webb Ellis Cup}'으로 널리 알려져 있다.

◐ 스모 경기장의 독특한
모양과 역사

스모는 일본에서 탄생한 스포츠 중 가장 긴 역사를 자랑한다. 격투기에 종교적 의식까지 어우러진 스포츠로 그 기원은 최소 700년대까지 거슬러 올라간다. 스모 선수가 경기를 치르는 공간인 '도효'의 크기는 지름 4.55m의 원형 경기장으로 단단한 흙 위로 얇게 모래가 깔린 것이 특징이다. 스모 경기장을 자세히 살펴보면 동서남북 총 네 군데에 끊어진 부분이 존재한다. 여기에는 어떤 의미가 있을까?

오늘날의 스모 경기는 국기관(스모 경기장)이나 체육관 등 주로 실내에서 열리는데, 스모의 오랜 역사를 살펴보면 과거에는 대부분 야외에서 경기를 치르는 것이 일반적이었다. 이 때문에 비가 오는 날에는 도효 안에 물이나 진흙 웅덩이가 생겼고, 이를 깨끗하게 쓸기 위한 목적으로 경기장의 동서남북에 끊어진 부분을 만든 것이다.

실내에서 경기가 열리는 오늘날에도 그 흔적은 그대로 남아 있으며, 이렇게 원을 벗어난 가마니 부분을 '도쿠다와라德俵'라고 부른다. 원래라면 경기장 밖으로 선수의 발이 밀려나면 경기는 끝날 것이다. 다만 도쿠다와라에서는 선수의 발이 경기장 안에 있는 것으로 인정하는데, 그런 의미에서 '덕德'이라는 한자가 쓰였다.

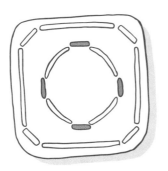

✿ 야구의 홈 플레이트는
왜 오각형일까

우리나라뿐만 아니라 전 세계적으로 야구는 많은 사람에게 사랑받는 스포츠다. 야구장의 그라운드에서 내야를 표시하는 라인은 그 모양을 따라 '다이아몬드'라고 부르며, 이 다이아몬드의 네 모서리에는 베이스를 놓는다. 경기가 한창인 야구장을 자세히 들여다보면 홈 플레이트의 모양만 사각형이 아닌 오각형이라는 사실을 알 수 있다. 1루에서 3루까지의 베이스는 사각형인 반면, 홈 플레이트만 오각형 모양이다. 왜 서로 다른 모양을 하고 있을까?

원래는 홈 플레이트도 다른 베이스처럼 사각형 모양이었다고 한다. 하지만 사각형 베이스는 한 모서리가 투수가 있는 방향을 향해 놓일 수밖에 없었다. 이에 불편을 느낀 사람은 다름 아닌 심판이다. 스트라이크와 아웃을 가르는 심판의 판정은 공이 홈 플레이트를 통과했는지 아닌지가 중요한 기준이 된다. 그 중요한 기준이 뾰족한 모서리가 된다면 판정의 난이도가 너무 어려워지는 것이다. 그래서 베이스를 기울여 변이 투수를 향하도록 놓았지만, 이번에는 베이스와 베이스 라인 사이에 틈이 생기고 말았다. 그 틈을 채운 결과 홈 플레이트는 오늘날과 같은 모양이 되었다.

참고로 선수 쪽을 향해 있는 홈 플레이트의 가장 긴 변은 43.2cm로 정해져 있다. 한 변이 38.1cm인 다른 베이스에 비해 조금 더 긴 셈이다. 오늘날의 홈 플레이트는 고무판으로 만들어졌는데, 놀랍게도 과거 메이저리그에서는 홈 플레이트를 대리석으로 제작해 사용한 적도 있었다. 만약 현재까지 대리석을 사용했다면 선수가 과격하게 홈 베이스로 돌입하면서 크게 다치는 일이 발생했을지도 모른다.

☢ 원 안에 세 개의 나뭇잎
방사선 표시의 비밀

한 번쯤 병원에서 또는 영화의 한 장면에서 방사선 표시를 본 적 있을 것이다. 병원의 엑스레이실 문에는 원 안에 세 개의 나뭇잎이 그려진 방사선 마크가 있다. 방사선을 표시하는 기호로, 병원뿐만이 아니라 방사능과 관련 있는 시설에는 반드시 이 표시를 해야 한다.

방사선 표시는 1946년, 미국 캘리포니아대학교의 버클리 방사선연구소LBNL(현 로렌스버클리국립연구소Lawrence Berkeley Laboratory)가 최초로 고안하였다. 그 후 국제원자력기구인 IAEA가 이 기호를 상징으로 정하고, 국제표준화기구인 ISO의 기준으로 등록되어 전 세계 공통으로 사용하게 되었다. 어느 곳이든 방사성 발생 장치 및 방사능 물질을 사용하는 장소에는 의무적으로 이 기호를 표시한다.

참고로 방사선 표시는 원자핵부터 알파선, 베타선, 감마선 모양을 표현한 것으로, 기호의 색 또한 노란색 배경에 검은색 나뭇잎으로 정해져 있다. 이런 노란색과 검은색의 조합은 사람들이 위험성을 느끼고 경각심을 갖게 하는 데 효율적이라고 한다. 만약 어디서든 이런 방사선 표시를 발견한다면 행동에 신중을 기해야 할 것이다.

✿ 펜타곤은 왜 오각형 모양일까

미국의 국방부 통칭 '펜타곤Pentagon'은 '오각형'이라는 의미를 가지고 있다. 2001년 미국에서 발생한 '9·11 테러' 당시, 세계무역센터 빌딩 이외에 또 하나 표적이 되는 장소가 있었다. 바로 벤타곤이다. 자폭 테러를 계획한 항공기가 미국 국방부 건물을 향하고 있다는 뉴스 영상에서 확실히 오각형인 외관의 모습을 확인할 수 있었다.

워싱턴 D.C.의 외곽에 위치한 국방총성은 유명한 관광 코스 중 하나이다. 독특한 오각형 모양의 건축물이 너무나 아름답기 때문이다. 하지만 군이 오각형 형태로 짓게 된 이유는 무엇일까? 그 이유는 건물 내부에서 이동의 효율성을 높이고자 했기 때문이다.

펜타콘은 군인과 민간인을 포함하여 약 3만 명의 사

람들이 근무하는 세계 최대 수준의 빌딩이라고 한다. 근무하는 사람이 많은 만큼 공간을 효율적으로 쓸 필요가 있었다. 조금이라도 가고자 하는 부서에 빨리 도착해야 했기에 오각형 구조를 도입한 것이다. 따라서 고층 건물보다 평면에서의 이동 효율이 더 좋다는 점을 우선시하여 설계되었다. 그 결과 오각형 구조의 건물이 탄생했고, 같은 층을 이동하는 경우 최대 약 8분 정도밖에 소요되지 않는다고 한다.

만약 오각형이 아닌 사각형 건물이었다면 같은 층 내에서 최단 거리를 대각선으로 통과하기는 쉽지 않았을 것이다. 하지만 오각형이라면 경로에 따라 다양한 방법으로 이동할 수 있다. 참고로 펜타곤은 5층 높이의 건물로, 의외로 층수가 많지 않다. 바꿔 말하면 그만큼 평면에서의 이동 편의성을 우선적으로 생각하여 설계된 건물이라는 의미가 된다.

✿ 축구공이 오각형과
육각형으로 만들어진 이유

축구는 오늘날 가장 사랑받는 스포츠 중 하나일 것이다. 축구하면 빠질 수 없는 것이 바로 축구공인데, 축구공의 탄생이 고대 그리스 수학자인 아르키메데스Archimedes와 깊은 관련이 있다는 사실을 알고 있는가?

하얀색과 검은색으로 이루어진 축구공은 실제로 12개의 검은색 정오각형과 20개의 하얀색 정육각형으로 이어져 있다. 이는 32면체로 불리는 다면체로, 네 개 이상의 평면으로 만든 입체는 모두 다면체라고 부른다.

다면체에는 두 종류가 있는데, 먼저 '정다각형'은 모든 변의 길이와 모든 각의 크기가 동일한 도형을 말한다. 반면 두 종류 이상의 정다각형으로 만들어진 다각형을 '준정다면체'라고 하는데, 축구공은 두 다각형의 조합이기 때문에 준정다면체라고 할 수 있다. 그리고 그중에서도 32면체는 공과 매우 비슷한 모양을 하고 있다.

당연한 말이지만, 축구공은 완벽한 구의 형태에 가까운 것이 좋다. 축구는 절묘한 패스의 반복으로 이루어지는 게임이기 때문에 공의 움직임에도 정확성이 요구되기 마련이다. 이러한 이유로 1960년대 후반부터 공식적으로 구의 형태에 가까운 32면체의 축구공을 사용하고 있다. 그리고 이 32면체를 고안해 낸 사람이 바로 아르키메데스다. 즉 그의 뛰어난 두뇌가 없었다면 축구라는 스포츠가 오늘날 이렇게까지 널리 사랑받지 못했을지도 모른다.

¤ 세계에서 유일한 삼각형
국기가 있다?

국기의 모양이 사각형만 있는 것은 아니다. 국기를 반드시 직사각형으로 만들어야 한다고 정해 놓은 규칙이 있는 것도 아니다. 하지만 대부분의 국기가 사각형을 사용한다. 때문에 세계에서 유일하게 사각형이 아닌 국기를 사용하는 네팔의 국기는 이목이 집중될 수밖에 없다. 이는 두 개의 삼각형이 겹쳐진 독특한 모양인데, 사실은 두 개의 국기가 합쳐지면서 이렇게 독특한 모양의 국기가 탄생한 것이다.

먼저 윗부분의 삼각형은 1768년 네팔을 통일한 샤 Shah 왕조의 깃발로, 하얀 초승달이 그려져 있다. 그리고 아래의 삼각형은 1900년대에 네팔을 지배한 재상 가문인 라나 Rana 가문의 깃발로, 하얀색의 태양이 표현되어 있다. 샤 왕조에 의해 건국되고 라나 가문에 의해 통치된 네팔의 역사가 하나의 국기에 담겨 있는 것이다. 참고로 바탕색인 빨강은 네팔을 상징하는 색으로, 네팔의 국화인 랄리구라스Laliguras의 색이기도 하며, 테두리의 파란색은 평화를 상징한다.

한편, 원래 힌두교 문화권에서는 삼각형 모양의 깃발을 일반적으로 사용한다. 이를 그대로 유지해야 한다는 의견도 있지만 최근에는 네팔 국민 사이에서 국기의 모양을 세계에서 공통으로 사용하는 직사각형으로 변경해야 한다는 의견도 나오고 있다. 어쩌면 가까운 미래에는 지금의 네팔의 국기가 다른 모습을 하고 있을지도 모른다.

✿ 국기의 가로세로 비율은
정해져 있을까

국기는 왜 직사각형 모양일까? 네팔 이외의 대부분의 나라에서 가로가 세로보다 긴 형태의 직사각형 국기를 사용하는 이유는 무엇일까??

답은 단순하다. 제작하기 쉽고 천에 자투리가 남지 않아 경제적이기 때문이다. 조금 더 나아가 생각해 보면, 모든 국기의 가로와 세로의 비율이 정해져 있는지 의문이 생긴다. 언뜻 보기에는 국기의 비율이 통일되어 보이지만, 사실 정해진 비율 없이 나라마다 모두 다르다.

가장 보편적인 비율은 가로와 세로가 3:2인 형태이며 많은 나라에서 사용하고 있는 비율이다. 반면 미국 성조기의 비율은 19:10으로 정해져 있다. 또한 벨기에 국기는 15:13의 비율로 정사각형에 가깝다. 반면 바티칸 시국의 국기는 완벽한 정사각형 모양이다. 스위스도 국가 내에서는 정사각형 국기를 사용한다.

이렇게 각 나라의 국기는 다양한 비율이 존재하는데, 어째서인지 모든 국기의 비율이 통일되어 있다고 생각하는 사람도 적지 않다. 여기에는 그럴 만한 이유가 있다. 전쟁 방지와 평화 유지를 위해 설립된 국제기구인 UN은 본부에 각 나라의 국기를 게양하고 있는데, 그 국기들은 모두 3:2의 비율로 통일되어 있다. 아마 이에 영향을 받아 모든 나라의 국기가 같은 비율이라고 생각하는 사람이 많을 것이다.

✿ 이스라엘 국기 속 별의 의미

    세계 각국의 국기 모양이 다르고 문양이 다르듯 저마다 사용하는 국기의 상징 또한 다르다. 이스라엘 국기 또한 매우 인상적인 문양을 사용하였는데, 그 안에 숨은 의미 또한 특별하다.

    하얀색 바탕 위아래에는 가로로 파란색 줄이 있고, 정중앙에는 육각별이 그려져 있다. 이 육각별은 유대인을 상징하는 '다윗의 별'을 의미한다. 다윗David은 통일 이스라엘 왕조의 초대 국왕으로, 성서에도 등장하는 인물이다. 그는 17세기 유럽에서 30년 전쟁(1618년~1648년 독일을 무대로 신교와 구교 간에 벌어진 종교 전쟁)이 일어난 시기에 태어났다고 전해지는데, 이 전쟁에 참여한 유대인 부대에 '다윗의 방패'를 상징하는 육각별 깃발이 하사되었다고 한다.

　　'다윗'이라는 이름을 표기하면 두 개의 'D'가 들어가
는데, 'D'를 유대인의 히브리 문자로 바꾸면 그리스어 'Λ(람
다)'와 비슷하다. 그것을 바탕으로 두 개의 'Λ'를 조합한 디자
인인 육각별을 고안하여 유대인 부대에 부여한 것이다. 이
명예로운 육각별 모양은 이후 유대인 사회에서 폭넓게 수용
되었으며, 국기에도 유대인의 상징으로 사용되게 되었다.

✿ 캐나다 국기의 빨간 띠와
단풍잎의 의미

    캐나다 국기에는 양 끝에 붉은 띠, 중앙에 나뭇잎 모양이 그려져 있다. 국기를 보면 왠지 모를 서정적인 평온함이 느껴지기도 한다. 캐나다는 왜 붉은 띠와 나뭇잎을 국기에 사용하게 되었을까?

    중앙에 있는 나뭇잎은 캐나다의 상징이라고도 말 할 수 있는 단풍잎이며, 실제로 캐나다를 '단풍국'이라 부를 정도로 단풍이 유명한 나라다. 영어권에서는 캐나다 국기를 '단풍잎 국기'라고도 부른다.

    이 나뭇잎을 조금 더 자세히 살펴보면, 나뭇잎의 뾰족한 잎사귀의 끝과 가지는 모두 12개로 이루어져 있다. '12'라는 숫자는 캐나다를 구성하는 10개의 주와 2개의 준주를 의미한다. 즉 이 국기 속에 그려진 잎사귀가 캐나다 그 자체를 상징하고 있는 것이다.

국기의 좌우에 위치한 붉은 띠는 대서양과 태평양을 의미하며, 띠 옆의 하얀색 바탕은 북극권을 형상화한 것이다. 다시 말해 캐나다의 국기는 세계 지도에 그려진 캐나다의 위치를 표현한 것이라고 할 수 있다.

그뿐만이 아니다. 바탕의 하얀색에는 '평화'와 '의리'라는 의미가 담겨 있다. 이는 제1차 세계대전과 제2차 세계대전에서 많은 희생자가 발생한 캐나다의 역사를 토대로 평화로운 세계로 나가길 바라는 희망을 나타내고 있다.

✿ 카타르 국기는
세계에서 가장 길다?

중동 국가인 카타르를 여행하면 거리 이곳저곳에서 나부끼는 국기를 보며 고개를 갸웃거릴지도 모른다. '이게 정말 국기야?'라는 생각이 들 정도로 긴 길이를 자랑하기 때문이다. 말하자면 카타르의 국기는 세계에서 가장 긴 국기로 유명하다.

카타르 국기의 가로와 세로의 비율은 28:11로, 가로의 길이가 세로의 약 2.5배로 더 길다. 세계 각국의 국기를 한 줄로 길게 나열하면 카타르의 국기만 유독 돋보일지도 모른다. 카타르의 국기는 왼쪽이 하얀색, 나머지는 전부 적갈색인데 두 색의 경계선은 9개의 꼭짓점을 가진 지그재그 모양이다. 이 모양은 카타르와 바레인, 그리고 7개의 아랍에미리트 연방의 피의 연대를 표현한 것이다.

원래 카타르 국기의 적갈색 부분은 빨간색이었는데, 중동 특유의 강한 햇볕에 그을려 적갈색으로 변한 국기가 많아졌고, 어느 순간부터 적갈색으로 통용되기 시작했다고 한다. 이처럼 국기의 색과 모양에 정해진 규정은 없다. 그래서 이렇게 '이색'적인 국기가 탄생하기도 하는 것이다.

알고 보면 놀라고
　　　　　모르고 봐도
놀라는 모양 이야기

✿ 흑사병과 새부리 모양
마스크의 진실

흑사병은 인류를 습격하여 팬데믹을 일으킨 질병 중 하나다. 코로나19가 세계적으로 확산되고 있는 오늘날, 과거 흑사병이 성행하던 시대를 돌아보는 일이 잦아지고 있다. 과거 흑사병을 바탕으로 만들어진 재난 영화를 보면 당시 의사들이 긴 부리 모양의 마스크로 얼굴을 가린 기괴한 모습을 하고 있는데, 도대체 그것은 무엇일까?

이 마스크는 17세기, 프랑스의 의사 샤를 드 롬^{Charles de Lorme}이 고안하였다. 당시 사람들은 흑사병이 공기를 통해 전염된다고 생각했고, 이를 막기 위해 이런 이상한 모양의 마스크를 만들어 낸 것이다.

마스크 코의 길이는 15cm이며, 그 안에 향료를 넣어 숨과 함께 향을 들이킬 수 있도록 설계되었다. 그렇게 하면 흑사병 균으로부터 몸을 지킬 수 있다고 생각했기 때문이다. 이러한 이유로 새부리 모양의 마스크는 눈 깜짝할 사이에 퍼져 나갔고, 오늘날에는 중세 시대 팬데믹을 떠올리게하는 '상징'이 되었다.

물론 이 마스크에 흑사병을 예방하는 의학적 근거는 없다. 다르게 생각하면, 의학적 지식이 충분하지 않았던 당시 사람들이 팬데믹 속에서 고민에 고민을 거듭해 잘못된 사고방식에 매달릴 수밖에 없었던 것이라고도 할 수 있다.

✿ 요트의 돛은 왜 삼각형일까

넓은 바다의 파도를 헤치며 유유히 나아가는 요트를 상상하면 가장 먼저 무엇이 떠오르는가? 큰 삼각형 모양의 돛을 떠올리는 사람이 많을 것이다.

여기서 잠깐, 요트의 돛은 왜 삼각형일까? 결론부터 말하자면 반드시 돛이 삼각형이어야 한다고 정해진 것은 아니며, 사각형 모양의 돛도 존재한다. 하지만 바람을 받아 전진하기 위해서는 삼각형으로 만들어진 돛이 가장 이상적이다. 일반적으로 요트는 역풍이 불면 전진할 수 없다. 하지만 돛이 바람이 불어오는 쪽을 향해 45도 정도의 각도로 놓여 있다면 앞으로 나아갈 수 있다. 이렇게 얻은 양력은 비행기가 하늘을 나는 것과 같은 이치다.

여기서 말하는 양력은 주로 비행기나 새의 날개 또는

배의 돛에 작용하며, 하늘을 날거나 앞으로 전진할 수 있는 힘을 말한다. 고체와 유체 사이의 움직임이 있을 때 수직으로 발생하는 힘으로 이를 이용하여 돛이 바람을 맞으면 앞으로 나아갈 수 있는 것이다.

바닷바람을 품은 돛은 마치 비행기의 날개와 같아서 돛의 방향을 바꾸면 역풍이 불어도 지그재그로 나아갈 수 있다. 그리고 이 효과를 가장 크게 얻을 수 있는 돛의 모양이 바로 세 개의 각을 가진 삼각형 모양의 돛이다. 참고로 이러한 원리는 고대에 발견되었으며, 기원전 1000년경의 폴리네시아polynesia 사람들은 이미 역삼각형 모양의 돛을 단 배를 조종하였다. 대항해시대보다 더 먼 과거부터 사람들은 바람을 거슬러 바다를 건넜던 것이다.

✿ 선박의 창문이
동그라미인 이유

크고 작은 선박에는 대부분 둥근 모양의 창문이 나 있는 걸 볼 수 있다. 호화로운 여객선을 타고 바다로 나가 선박 창문으로 수평선을 바라보고 있으면 굉장히 멋진 여행을 하고 있는 듯한 기분이 들 것이다. 그런데 왜 배의 창문은 동그란 모양이 많을까? 사각형이면 안 되는 것일까?

사실 선박의 동그란 창문은 배를 보호하기 위한 것으로 매우 중요한 역할을 하고 있다. 배는 언제나 바깥으로부터 오는 파도와 바람의 영향을 받는다. 큰 파도가 있으면, 작은 파도도 있다. 크고 작은 힘이 차례차례 더해지면서 선체는 끊임없이 충격에 노출되고 있는 것이다.

그럼 한번 생각해 보자. 만약 배의 창문이 사각형이라면 파도의 힘은 창틀에 균등하게 가해지지 않을 것이다. 직선 부분과 꼭짓점 부분에서 압력의 차이가 발생하기 때문이다. 이로 인해 금속 피로(금속에 계속해 변형을 가하면 그 강도가 저하되는 현상)가 발생하기 쉬워지고 선체는 심한 손상을 입게 되는 것이다. 반면 둥근 창문에는 힘이 균등하게 가해져 불필요한 손상을 받지 않기 때문에 선체의 내구성이 높아진다고 볼 수 있다.

✿ 수학 기호

+, −, ×, ÷의 의미는?

익숙하고 당연해서 왜 이런 모양을 하고 있는지 한 번도 생각해 본 적 없는 기호들이 있다. 그 중 하나가 바로 수학 시간에 등장하는 '+, −, ×, ÷' 기호이다. 물론 이 기호들이 왜 생겨나게 되었는지는 각각 다른 이유가 존재한다.

먼저 '+'와 '−'의 탄생 이야기다. 먼 옛날의 바닷사람들은 나무통에 담긴 식수가 얼마나 감소하였는지 파악하고 싶었다. 그래서 막대기 하나를 사용하여 '−'라고 눈금을 표시하였다. 또 줄어든 양만큼의 물을 더하면 그 가로 눈금에 하나의 세로 선을 그어 '+'로 표시했다. 이러한 관습이 전해지면서 '+'와 '−'가 탄생했다고 한다. 하지만 이외에도 '+'와 '−'의 탄생에 대한 여러 가지 설이 있다.

'×'의 탄생은 영국의 수학자 윌리엄 오트레드[William]

Oughtred가 십자가를 비스듬히 한 모양을 곱하기 기호 '×'로 사용하기 시작하면서 통용되었다고 한다. 이전까지는 '5 곱하기 6'이라는 형태로 식을 하나하나 글자로 설명하여 사용했기에 불편함이 컸다.

'÷'는 수학자 요한 란Johann Rahn이 원래 '절반'이라는 의미로 사용되었던 기호를 나눗셈 기호로 사용하면서 탄생하게 되었다. 참고로 등호는 로버트 레코드Robert Recorde라는 수학자가 '길이가 동일한 평행선만큼 똑같은 것은 없다'라는 이유로 '='를 사용한 것에서 시작되었다.

다섯 개의 수학 기호는 모두 한 번에 고안된 것이 아닌 하나씩 만들어진 것이다. 심지어 모든 기호의 탄생에는 저마다 다양한 이야기가 전해지지만, 그 어떤 것도 탄생 비화를 정확하게 확인하기는 어렵다.

✿ ♂와 ♀은 성별 기호가 아니었다?

남성을 상징하는 기호는 ♂, 여성을 상징하는 기호는 ♀이다. 이 기호는 전 세계 공통으로 사용되고 있다. 그러나 이 기호가 원래 무엇을 의미하고 있는지 아는 사람은 생각보다 많지 않을 것이다. 대부분 사람들은 남녀의 신체적 특징을 디자인한 기호라고 생각하겠지만 사실 이 기호는 더 많은 의미를 품고 있다.

사실 이 두 기호는 남녀가 아닌 별을 표시하는 기호로 사용되고 있었다. 붉은 화성(♂)에는 용맹스럽고 거친 이미지가 있다. 이를 바탕으로 전쟁의 신 마르스Mars와 연결하여 무기를 만드는 소재인 '철'의 이미지로 사용되었다. 반면 노란 금성(♀)에는 우아하고 아름다운 이미지가 있다. 그 상징으로서 아름다움의 여신 비너스Venus와 연결하여 색과 모양

이 유연하게 변하는 '구리'의 이미지로 사용하게 되었다. 이후 논문 등에서는 금속의 이름을 쓸 때 철을 ♂, 구리를 우라고 표기하게 된 것이다.

♂와 우를 오늘날과 같이 성별을 상징하는 기호로 처음 사용한 사람은 18세기의 식물학자, 칼 폰 린네Carl von Linne 다. 린네는 화성의 용맹스러운 이미지에서 ♂를 '남성', 금성의 아름다운 이미지에서 우를 '여성'을 상징하는 기호로 사용하기 시작하였다. 이것이 어느 순간 정착하여 오늘날까지 사용되고 있는 것이다. ♂와 우는 상징하는 대상이 천체에서 금속, 금속에서 성별로 변화한 매우 특이한 기호라고 할 수 있다.

✿ 루트의 기호가 √인 이유

수학에는 다양한 공식과 기호가 존재한다. 그중에서도 독특한 기호가 바로 '√(루트)'이다. '루트'라는 이름 때문에 '길'을 의미하는 영어 단어 'route'와 연관성을 떠올리는 사람이 많을지도 모른다.

하지만 √는 'root'를 의미한다. 잘 알려져 있듯이 복수형 'roots'에는 '뿌리, 근본, 근원'이라는 이라는 뜻이 담겨 있다. 수학 시간에 배운 것처럼 방정식을 만족하는 값을 '근'이라고 하는데, 예를 들어 근은 '2는 4의 제곱근'과 같은 상황에서 사용한다. 이를 영어로는 'Two is the square root of four'라고 표현한다. 즉, root라는 단어를 사용하는 것이다.

이것을 바탕으로 루트를 기호로 표기할 때 그 첫 글자인 'r'을 바탕으로 하여 √라는 기호가 탄생하게 되었다. 독특한 모양의 √ 기호 때문에 수학을 어려워하는 사람은 자신도 모르게 거리감을 느낄 것 같지만, 이제 유래도 알게 되었으니 √의 계산 법이 조금은 친숙하게 느껴질 수 있지 않을까?

♨ 온천 기호는 왜
♨ 이렇게 생겼을까

　　세 줄의 수증기가 피어오르는 모습을 하고 있는 이 기호는 일본에서 온천을 상징하는 기호로 사용되고 있다. 우리나라에서도 2008년까지는 대중탕과 온천에서 많이 사용하는 기호였다. 다만 우리나라에서는 온천 기호가 새롭게 도입되어, 이 '♨' 기호는 추억 속으로 사라지고 있다.

　　이 기호를 보고 있는 것만으로도 뜨끈한 탕에 몸을 담근 모습이 떠오른다는 사람이 많을 것이다. 온천을 상징하는 이 기호에 세 개의 수증기 모양이 표시된 데는 여러 가설이 전해진다.

　　우선 이 기호에는 '료칸에 가면 목욕을 세 번 하자'라는 메시지가 담겨 있다는 설이 있다. 료칸은 일본에서 온천으로 유명한 지역이다. 온천에 가서 목욕을 한 번만 하고 오는 것은 아쉬운 일일 것이다. 이 수증기의 숫자를 보며 '목욕을 세 번 하라'는 의미가 담겨 있다고 믿는 사람들이 많다.

또 이 수증기 표시가 입욕 시간을 의미한다는 설도 있다. 이 기호를 자세히 보면, '♨'의 수증기는 왼쪽부터 '중간, 길고, 짧은' 길이로 그려져 있다. 이는 '5분, 8분, 3분'이라는 가장 건강한 입욕 시간을 나타내고 있다는 것이다. 이런 말을 들으면 그대로 실천해 보고 싶은 기분이 든다. 어느 이야기가 맞는지는 알 수 없지만, 온천을 더 재미있게 즐길 수 있는 이야기임에는 틀림없다.

또 이 기호가 언제, 어디에서 탄생하였는지에 대해 여러 가설이 전해진다. 에도 시대 초기에 군마현 이소베의 온천에서 사용하기 시작하였다는 이야기부터 유후인 온천의 기반을 닦은 상인이 고안했다는 이야기, 그리고 19세기 독일에서 사용했던 기호를 받아들였다는 이야기가 있는데 어느 것이 진실인지는 여전히 알 수 없다.

✿ 사원의 지도 기호 卍의 의미는?

우리는 '卍(만자)'를 보며 불교를 떠올리지만, 나치 독일을 연상시키는 사람도 적지 않다. 이 기호는 우리나라 지도에서는 절을 의미하며, 일본에서는 사원을 의미하는 기호로 두루 사용되고 있다. 2016년 일본에서는 유럽인에게 위화감을 제공할 수 있다는 의견이 등장하면서 이 기호를 변경해야 한다는 안이 일본 국토지리원에 제출된 적도 있었다. 서양 사회에서는 나치의 상징인 하켄크로이츠Hakenkreuz(갈고리 십자가형)가 금기시되고 있기 때문이다. 도쿄 올림픽이나 각종 세계 대회를 맞이하여 일본에 방문할 외국인을 배려한다는 생각이 반영된 의견이었으나, 결국 받아들여지지 않았다. 애초에 卍의 쓰임에는 나름의 이유가 있었기 때문이다.

일본 내에서 지도에 이 기호가 쓰이기 시작한 것은

1880년부터다. 원래 고대 인도어인 산스크리트어에는 卍에 '행복'이라는 긍정적인 의미가 내포되어 있다. 불교나 힌두교에서는 이 기호를 '길조의 표시'라고 생각하여 사원의 건물에 각인하는 경우가 많다. 이러한 이유에서 한국이나 일본에서도 절이나 사원을 나타내는 기호로 卍를 채택하게 된 것이다.

이런 이유들이 있는 이상, 기호를 변경하기란 쉽지 않을 것이다. 참고로 나치 독일이 하켄크로이츠를 상징으로 선택한 정확한 이유는 알려지지 않았다.

✿ 피라미드는 왜
사각뿔 모양일까?

　　사막 위에 우뚝 솟아 있는 쿠푸Khufu 왕의 피라미드는 이집트에서 가장 유명한 관광 명소 중 하나이다. 멀리서 보이는 삼각형의 모습도 장관이지만, 가까이서 보이는 정사각형 모양의 피라미드 또한 매우 아름답게 느껴진다. 이렇게 완벽할 정도로 웅장하고 기하학적인 피라미드의 모양은 고대 이집트 신화에 등장하는 장소, '벤벤Benben'을 모델로 하고 있다. 벤벤은 신이 처음 내려온 신성한 언덕, 즉 '태초의 언덕'을 가리킨다.

　　오늘날 이집트의 수도인 카이로 근교에는 과거 '헬리오폴리스Heliopolis'라고 불린 고대 도시가 있다. 당시의 사람들은 그곳에 있던 언덕을 통해 신이 내려왔다고 믿었다. 그리고 그 신성한 장소에는 재생과 부활을 담당하는 정령이

머물고 있다고 생각했다.

고대 이집트에서는 사람이 죽으면 미라의 상태로 매장했는데, 이는 인간이 내세에서도 계속 살아가기 위해서는 육체가 필요하다고 생각했던 종교관 때문이었다. 이를 통해 이집트의 왕릉은 재생과 부활의 의미를 담아 벤벤의 모양을 따라 만들어졌다고 이해할 수 있다.

한편, 왕릉을 피라미드라고 부르게 된 것에는 조금 의외의 이유가 있다. 기원전 5세기경부터 이집트에 살기 시작한 사람들이 '피라미스pyramis'라는 이름의 삼각형 모양의 빵을 먹었는데, 여기에서 착안하여 벤벤의 모양을 모방한 왕릉을 피라미드라고 불렀다는 것이다. 이러한 이야기를 보면 고대 이집트 사람들은 삼각형을 꽤 좋아했던 것 같다.

✿ 소금의 결정은 왜 정육면체일까

소금의 결정을 떠올리면 어떤 모양이 생각나는가? 소금의 결정은 기본적으로 주사위와 같은 정육면체 모양을 하고 있다. 나트륨과 염소가 결합하여 만들어진 소금을 현미경으로 자세히 살펴보면 나트륨 이온과 염소 이온이 규칙적으로 나열된 모습을 볼 수 있다.

이온끼리 결합할 때는 결합력이 모든 방향으로 동일하게 작용하기 때문에 잘 다듬어진 정육면체가 된다. 하지만 만들어지는 조건이 어떻게 달라지느냐에 따라 결정이 특수한 모양으로 변형되는 경우도 많다. 속이 빈 사각뿔 모양의 피라미드형, 얇은 판처럼 생긴 플레이크형, 구형, 기둥형, 그리고 나뭇가지형 등 기본 결정에서 파생되는 모양 또한 다양하게 나타난다.

소금 결정의 모양은 맛을 좌우하는 중요한 요소로도 작용한다. 예를 들어 플레이크형이나 피라미드형의 결정은 식감이 바삭바삭하지만, 분말 형태의 결정은 씹었을 때의 느낌이 크지 않아 인상적인 맛을 구현하기 어렵다. 또한 입자가 크면 입안에서 천천히 녹기 때문에 혀끝에서 부드럽게 느껴지고, 입자가 작으면 바로 녹기 때문에 입안의 염분 농도가 급격하게 상승하여 소금의 짠맛을 쉽게 느낄 수 있다. 요리나 기호에 맞추어 식자재와 조리 방법을 선택하는 것처럼, 소금 결정의 모양을 확인하고 그에 맞는 요리를 선택하는 것도 요리 실력이 향상될 수 있는 방법이다.

✿ 눈의 결정이 대칭인 이유

"눈은 하늘에서 보내주는 편지이다." 과학자 나카야 우키치로Nakaya Ukichiro는 이런 말을 남겼다. 그는 눈을 연구하는 것에 일생을 바쳤으며, 세계 최초로 인공 눈 결정을 만드는 것에 성공한 인물이다.

눈은 자연이 만들어 낸 예술작품처럼 같은 모양의 결정이 하나도 없다. 그 패턴은 나뭇가지형, 판형, 기둥형 등으로 나뉜다. 어떤 모양에서도 결정의 끝을 연결하면 대칭인 정육각형이 만들어진다는 공통점이 있다.

눈의 결정이 나뭇가지와 같이 뾰족한 모양이 될지, 판형태가 될지, 아니면 기둥 모양이 될지는 결정이 만들어지는 지점의 습도와 온도에 따라 결정된다고 한다. 눈의 결정 중 가장 먼저 떠오르는 나뭇가지형 결정은 영하 15도 전 후, 습도 110% 이상의 조건이 갖추어졌을 때 만들어진다.

눈의 결정이 대칭이 되는 이유는 하늘에서 떨어질 때 결정화되는 지점과 관련이 있다. 결정은 공기의 저항을 받기 때문에 빙글빙글 회전하면서 떨어지는데, 그 때문에 결정이 만들어지는 조건이 모두 균등해져 어느 한쪽으로 치우치지 않고 대칭인 모양으로 자라나는 것이다. 나뭇가지형 결정의 가지 하나하나에 주목해 보면 가지에 붙어 있는 더 미세한 가지의 위치도 놀라울 정도로 대칭인 모습을 볼 수 있다.

추운 겨울, 눈이 내리는 날이면 밖으로 나가 떨어지는 눈의 결정을 직접 확인해 보길 바란다. 결정은 맨눈으로도 관찰할 수 있는데, 지상 부근에서는 온도가 높아 끝이 약간 뭉뚝해진 모습을 보이기도 한다. 그래도 신비로운 눈의 대칭을 직접 확인해 볼 수 있는 소중한 기회이다.

✿ 나무의 나이테가
나침반을 대신할 수 있을까

일상에서 흔히 들을 수 있는 잡학 지식이 하나 있다. "하늘에 태양도, 별도 보이지 않는데 나침반마저 가지고 있지 않다면 나무의 그루터기를 찾으면 된다. 나이테가 넓은 쪽이 남쪽이기 때문이다." 한 번쯤 들어봤을 꽤 유명한 잡학 지식이지만 이 주장은 틀렸다.

일반적으로 평지에서 자란 나무의 나이테는 동심원 형태로 넓어진다. 때문에 평지에서 나이테로 남쪽을 찾는 것은 불가능한 일이다. 나이테에 치우침이 생기는 경우는 주로 나무가 산의 경사진 곳에 서 있는 경우이다. 경사진 곳에서 살아가는 나무는 그 기울기를 견디고 위로 똑바로 뻗어 나가듯 언제나 완강히 버티는 상태가 된다. 그리고 이를 위해 흙 속에 뿌리를 단단히 내리고 힘이 들어가는 부분을 지탱하게 된다. 그렇다면 나이테가 치우치는 방향은 경사진 산의 위쪽과 아래쪽 가운데 어느 방향일까?

무슨 이유에서인지 나이테의 치우침은 침엽수와 활엽수가 서로 반대로 다르게 나타난다. 활엽수는 산 쪽으로 힘이 들어가 경사지 위쪽으로 나이테가 넓어지며, 반대로 침엽수는 계곡 쪽으로 힘이 들어가 경사지의 아래 방향으로 나이테가 넓어진다. 마치 활엽수는 경사지 위쪽에 중심을 두고 줄기를 끌어올리는 이미지, 침엽수는 줄기가 아래 방향으로 기울지 않도록 계곡 쪽으로 뿌리를 깊게 내리는 이미지라고 생각하면 이해하기 쉽다.

'편심생장'이라고 부르는 나이테가 뒤틀린 부분은 너무 단단하여 가공하기가 어렵고 길이도 잘 맞지 않아 임업에 종사하는 사람들도 선호하지 않는 경향이 있다고 한다. 그 정도로 줄기가 곧게 자랄 수 있도록 나무가 힘을 쓰고 있던 것이다. 어째서 이런 속설이 생겨났는지는 알 수 없지만, 산의 경사면 중에서도 수목이 잘 성장할 수 있는 곳은 남측 사면인데, 그곳에 서 있는 침엽수의 그루터기를 본 사람이 그렇게 믿어 버렸기 때문에 생겨난 것일지도 모른다.

✿ 점자 유도 블록에
담긴 두 가지 의미

　　길을 걷다 보면 점자 유도 블록을 자주 발견하게 된다. 눈이 불편한 사람에게 점자 블록은 매우 중요한 역할을 한다. 시각 장애가 있는 사람은 시각 장애인용 지팡이와 발바닥의 감각으로 블록의 돌기를 확인하면서 걷는다. 정식 명칭은 '점자 유도 블록'이며, 인도, 지하도, 건물 내부 등 사람이 통행하는 대부분의 곳에 마련되어 있다.

　　점자 유도 블록에는 두 종류가 있다. 하나는 선 모양의 돌기가 나열된 블록이며, 다른 하나는 둥근 점 모양의 돌기가 나열된 블록이다. 선 모양의 블록은 진행 방향을 나타낸다. 길의 방향을 따라 선이 나 있기 때문에 눈이 불편한 사람도 어느 방향으로 나아가면 되는지 알 수 있다.

　　반면 점 모양의 블록은 주의를 시키기 위한 표시로,

위험한 장소나 시설, 계단, 건널목, 역의 플랫폼 등에 설치되어 있다. 선 모양의 블록을 따라 걷고 있는데 점 모양의 블록으로 바뀌었다면, 주의를 기울여야 한다. 유도 블록의 모양에 따라 어느 방향으로 움직여야 하는지 대응할 수 있기 때문에 눈이 불편한 사람들에게는 더없이 중요한 존재이다. 점자 유도 블록은 오늘날 여러 국가에서 널리 사용되고 있다. 많은 사람이 그 용도를 이해하고 바르게 사용하는 세상이 되기를 바란다.

✿ 크렘린의 지붕은 왜
양파 모양일까

크렘린 궁전은 러시아를 상징하는 대표적인 건축물 중 하나이다. 수도인 모스크바를 중심으로 흐르는 모스크바 강 부근에 위치한 구 러시아 제국의 궁전으로, 아주 먼 옛날 제정 시대(황제가 다스리는 통치 체계가 있던 시기)의 향수를 불러일으키는 훌륭한 건축물이다.

이 건축물이 세워진 시기는 15세기로, 그 주변에 궁정과 사원, 탑이 줄지어 서 있다. 구 러시아의 정치와 종교의 중심지였던 이곳은 현재는 세계문화유산으로 지정되어 있다. 독특한 모양의 크렘린 궁전을 보며 '왜 궁전의 지붕이 양파 모양일까?'라고 의문을 품는 사람이 있을 것이다.

위엄 있고 엄숙한 분위기의 궁전 지붕을 거대한 양파 모양으로 만들어 놓았으니, 위화감을 느끼는 사람도 상당할 것이다. 하지만 대부분 사람들이 그 모양에 대해 착각을 하고 있다. 이 지붕은 사실 양파가 아닌 양초의 불꽃을 표현한 것이 때문이다. 이는 러시아 정교(그리스도교의 한 파) 교회 건축물의 특징 중 하나로, 러시아 정교의 교회에서는 이처럼 다채로운 색채의 지붕을 볼 수 있다.

큰 모양의 지붕은 '쿠폴kupol', 작은 지붕은 '루꼬비짜lukovitsa'라고 부른다. 이런 촛불 모양의 지붕은 교회에서 행해지는 사람들의 기도와 기원이 신에게 닿길 바라는 마음을 표현한 모양이라고 한다. 또 러시아는 눈이 많이 내리는 지역이기 때문에 눈이 쌓이지 않게 하는 설계의 한 방법이기도 하다. 이러한 시선으로 크렘린 궁전을 바라보면 또 다른 신선한 감동에 빠지게 될 것이다.

5

모양으로 읽는 흔하지만 특별한 세상 이야기

✿ 요리사가 긴 모자를
쓰게 된 이유

요리사의 모자가 긴 이유를 알고 있는가? 레스토랑 주방에서 일하는 요리사들 가운데 누가 가장 높은 지위인지 한눈에 구별할 수 있는 방법은 바로 모자의 높이를 보는 것이다. 예를 들어 일본 도쿄의 고급 호텔인 임페리얼호텔의 경우, 수습 요리사의 모자는 18cm, 7년 이상 경력의 요리사는 23cm, 그리고 총괄 요리사는 35cm로 모자의 높이가 정해져 있다. 요리사는 왜 좁은 주방에서 굳이 긴 모자를 쓰는 걸까? 그 유래에는 두 가지 설이 있다.

먼저 18세기 말부터 19세기 전반에 활약한 프랑스의 셰프, 마리 앙투안 카렘Marie-Antoine Carême이 레스토랑의 손님이 쓰고 있던 하얀색 실크해트가 마음에 들어 이를 주방에서 따라 쓰기 시작했다는 이야기가 있다. 카렘은 '왕국의 셰프' 또는 '셰프의 제왕'이라고 불릴 만큼 실력있는 셰프로 유명하였는데, 다수의 요리 전문 서적도 집필했다. 그의 권위와 영향력으로 요리사들 사이에서 긴 모자 쓰기가 유행하기 시작했다는 설이다.

또 다른 이야기는 프랑스 근대 요리의 아버지라고 불리는 오귀스트 에스코피에Auguste Escoffier가 처음 긴 모자를 쓰기 시작했다는 설이다. 19세기 말부터 20세기에 걸쳐 활약한 에스코피에는 프랑스 요리에 '코스course'라는 방식을 도입하였으며, 호텔 리츠 파리의 총요리장으로도 근무한 인물이다. 요리에 있어서 타의 추종을 불허하는 에스코피에의 신장은 160cm가 채 되지 않아 서양 남성으로서는 매우 작은 축에 속했다고 한다. 그래서 에스코피에는 주방 안에서 자신의 모습이 눈에 띄도록, 혹은 위엄을 높이기 위하여 긴 모자를 쓰기 시작했다는 것이다.

어떤 이야기이든 요리사의 긴 모자가 처음에는 멋을 내기 위해서, 또는 권위를 높이기 위해서 쓰기 시작했다는 점이 흥미롭다. 깊게 파고들면 요리사의 모자가 길어진 이유가 의외로 별 것 아니라는 점이 전통과 질서를 중요하게 생각하는 요리사 세계에서 흥미로운 점이라 할 수 있다.

✿ 복싱과 프로레슬링 경기장을
왜 '링'이라고 부를까

복싱과 프로레슬링 경기는 로프가 감긴 사각 링 위에서 이루어진다. 일반적으로 '링'이라는 단어는 '고리'를 의미하는데, 왜 둥근 모양도 아닌 복싱과 프로레슬링 경기장을 '링'이라고 부르는 걸까? 그 이유는 복싱의 기원을 통해 확인해 볼 수 있다.

원래 복싱은 오늘날처럼 글러브를 사용하는 경기가 아닌, 맨주먹으로 한쪽이 먼저 쓰러질 때까지 싸우는 경기였다. 이때 관중이 대전 중인 두 사람에게 가까이 접근할 수 없도록 두 선수의 주변을 둥그렇게 감쌌다. 그 모습이 '링'이라는 단어의 발상이라고 한다.

시간이 지나 관람의 편의성을 중요하게 생각하기 시작하면서, 링은 높이가 있는 무대로 진화하였다. 이때는 말뚝을 박아 그 주위를 로프로 감쌌는데, 아무래도 로프를 둥 그렇게 두르기는 어려웠다. 그래서 네 개의 말뚝을 세우게 되었고 그것이 자연스럽게 사각의 링으로 정착한 것이다.

참고로 현재 복싱과 프로레슬링의 링의 크기는 한 변이 약 6m 길이인 사각형이다. 복싱은 한 변에 네 줄의 로프가 감겨 있는 데 반해 프로레슬링은 세 줄이 감겨 있다. 프로레슬링 경기는 관객에게 보여 주고 싶은, 로프를 활용한 다양한 기술이나 장면이 존재하기 때문이다.

✿ 불꽃놀이의 불꽃을 동그란
종이에 넣는 이유

밤하늘을 수놓는 형형색색의 불꽃은 불꽃 축제의 상징이라고 할 수 있다. 우리나라뿐만 아니라 세계 각국에서는 축제의 하이라이트로 불꽃을 사용한다. 가까운 나라 일본의 경우 에도 시대에 질병과 재해로 희생된 사람들의 넋을 기리기 위해 불꽃놀이를 시작하였다. 불꽃의 아름다움 속에서 어딘가 슬픈 분위기가 느껴지는 이유는 불꽃에 담겨 있는 과거 사람들의 마음이 오늘날까지 이어져 내려오기 때문일 것이다.

불꽃을 만드는 사람은 쏘아 올리는 불꽃을 더 아름다운 색, 더 아름다운 모습으로 보일 수 있도록 심혈을 기울인다. 그리고 어디에서 보아도 '꽃'처럼 보일 수 있도록 치밀한 계산을 바탕으로 불꽃 옥피(둥근 공 모양의 종이)에 화약을 넣어 제조한다. 일본은 동그란 모양의 불꽃 옥피를 사용하지만 다른 나라의 경우 옥피를 원통형으로 제작하여 쓰는 것이 대부분이다.

화약 또한 굳이 동심원을 의식하고 담지 않는다. 발사포에는 한 가지 색의 화약을 넣은 통을 여러 개 준비하고, 연속으로 쏘아 올려 아름다운 불꽃을 만든다. 단순히 불꽃을 행사나 축제의 분위기를 고조시키기 위한 여흥으로 사용하는 곳에서는 불꽃 그 자체를 즐기는 분위기가 아니다. 다만 최근에는 동그란 옥피로 불꽃을 만드는 나라도 늘어나고 있어 전통 기술을 접목한 아름다운 불꽃을 볼 기회가 많아지고 있다.

✿ 도쿄 타워의 모양은 어떻게 탄생하였을까

도쿄 타워는 많은 이들에게 사랑받고 있는 일본의 명소 중 하나다. 이 타워는 파리의 에펠탑을 모델로 하고 있으며, 외관이 에펠탑보다 단순하고 타워를 이루는 색의 조합도 멋있다기보다 실용적이라는 느낌을 더 많이 준다. 그도 그럴 것이, 도쿄 타워는 일본의 상징이 되는 것을 목표함과 동시에 방송용 수신탑으로의 기능도 중요하게 생각하며 디자인되었기 때문이다. 스카이트리가 완공된 이후 텔레비전 방송용 수신탑 임무를 마쳤지만, 지금까지도 사람들에게 사랑받고 있는 장소다.

도쿄 타워는 '내진 구조의 아버지'라고 불리는 나이토 타추 박사가 설계하였는데, 그는 비슷한 시기에 나고야 TV 타워, 삿포로 TV 타워, 재건된 오사카의 츠텐가쿠 등 일본 각지에 여섯 개의 수신탑을 직접 설계하여 '탑 박사'로도 불린다. 나이토 타추 박사는 당시 지진과 태풍이 많은 일본에 세계에서 제일 높은 타워를 세우기 위해 노력했지만 무엇보다 안정성을 가장 우선시했다. 그래서 그가 설계한 타워는 강풍에도 크게 흔들리지 않고 천천히 흔들리며, 그 흔들림이 서서히 흡수되는 구조를 하고 있다.

도쿄 타워는 지상 60m를 넘는 건물은 빨간색과 하얀색으로 도장해야 한다는 항공법을 따랐다. 확실히 에펠탑에 비하면 수수한 느낌을 부정할 수 없지만, 해가 진 뒤 붉은빛으로 불이 켜지는 모습은 그 나름대로 아름답다. 앞으로도 도쿄 타워는 도쿄의 랜드마크로서 계속 사랑받을 것이다.

✿ 머스크멜론의 상징 '그물'의 정체는?

고급 과일의 대표 주자인 머스크멜론은 독특한 그물 모양의 껍질을 가지고 있다. 맛있는 멜론의 조건은 그물이 촘촘하며 무늬가 선명하게 드러난 것인데, 멜론의 그물이 만들어진 이유를 살펴보면 이해하기 쉽다.

머스크멜론이 작을 때는 표면의 그물 크기도 작고 다른 멜론류 과일들과 별반 다르지 않지만, 성장 과정에서 특유의 크고 자잘한 그물이 형성된다. 사실 이 그물은 성장하면서 껍질에 새겨진 '금'의 흔적이라고 할 수 있다. 머스크멜론은 바깥쪽보다 안쪽의 생육 속도가 빠른데, 안쪽부터 압력이 가해지면서 표면의 껍질에 균열이 발생하는 것이다. 그리고 이를 바로잡기 위해 노력한 흔적이 그물과 같은 모양으로 껍질에 새겨진다. 다시 말해 그물이 촘촘한 멜론은 내부의 성장이 좋아 균열을 바로잡기 위한 작용이 활발하게 일어났다는 의미이므로 맛있는 과일이라는 의미다.

최근에는 이와 같은 성질을 활용하여 멜론에 문자를 각인하여 상품으로 판매하기 시작한 농장도 있다고 한다. 미리 멜론의 껍질에 글자 모양으로 흔적을 남기면, 그곳이 부풀어 오르면서 메시지를 새긴 멜론이 완성되는 것이다. 비싼 가격을 자랑하는 머스크멜론이지만 기념일 등을 맞아 마음을 담은 선물로 인기가 많은 이유이다.

✿ 지퍼가 만들어진 이유는
귀찮음 때문이었다?

　　지퍼는 우리 일상생활에서 많이 사용되는 물건 중 하나다. 옷과 가방은 물론이고 신발이나 다양한 소품 등 지퍼를 사용하는 많은 물건이 있다. 금속이나 수지 등 소재는 달라도 기본적인 구조는 동일한데, 왼쪽과 오른쪽의 지퍼가 서로 맞물리며 열고 닫을 수 있는 구조이다.

　　전 세계에서 공통으로 사용하고 있는 지퍼의 이런 독특한 구조는 미국의 휘트컴 저드슨Whitcomb Judson이라는 인물이 처음 발명하였다. 그는 구두끈을 일일이 묶어야 하는 번거로움을 해결하기 위해 지퍼의 원형을 생각해 냈다. 그리고 그것을 1893년 시카고에서 열린 세계 콜롬비아 박람회World's Columbian Exposition에 출품하였고, 그것이 사업가이자 군인이던 루이스 워커Lewis Walker의 눈에 들게 되면서 지금의 지퍼로 발전하게 되었다.

　　워커는 저드슨에게 제조를 의뢰하였고, 그들은 유니버설 패스너 컴퍼니Universal Fastener Company를 설립하여 본격적으로 지퍼의 제조를 시작했다. 그 후 더욱 쉽게 사용할 수 있도록 개량을 거듭한 지퍼는 단추, 똑딱단추, 고리만 있으면 간단하게 열고 닫을 수 있게 되었다. 어린아이는 물론이고 손이 불편한 사람도 쉽게 사용할 수 있다는 장점 덕분에 세계적으로 널리 사용되고 있다.

　　지퍼가 처음 나왔을 때는 금속으로만 제작되었지만, 오늘날에는 더욱 쉽게 여닫을 수 있도록 개량을 거듭하여 수지나 플라스틱 등 더 가볍고 다루기 쉬운 다양한 소재로 만들어진 지퍼가 두루 사용된다.

　　예를 들어 일본의 유명 지퍼 제조업체인 YKK는 2019년, 똑딱단추처럼 고정만 시키면 열고 여닫을 수 있는 제품을 발표하여 지퍼를 닫을 때 한쪽을 다른 한쪽에 끼우는 과정을 없앴다. 유니버설 패스너 컴퍼니는 초고령 사회와 모든 사람이 공생할 수 있는 사회를 만들기 위해 크게 공헌한 회사 중 하나일 것이다. 120년 전에 탄생한 작은 금속이 오늘날까지 사람들의 생활을 조금 더 편리하고 풍요롭게 만들고 있다.

✿ 와이셔츠는 언제부터
그런 모양이었을까

와이셔츠는 패션에서 빼놓을 수 없는 중요 아이템 중 하나다. 앞에 달린 단추와 소매를 가리키는 커프스가 있는 것이 와이셔츠의 기본적인 스타일이라 할 수 있다. 그런데 알고 있는가? 사실 '와이셔츠'라는 용어는 일본에서 만들어진 이름이라고 한다.

도쿄 긴자에 위치한 전통 있는 셔츠 전문점의 창업자 이시카와 세이에몬이 '화이트 셔츠white shirt'를 잘못 들어 '와이셔츠'라는 일본식 영어가 탄생한 것이다. 즉, 와이셔츠는 알파벳 Y처럼 생긴 셔츠가 아니라 '화이트 셔츠'라는 영어에서 유래된 이름이다.

와이셔츠는 고대 로마의 의상인 튜닉tunic을 원형으로 탄생하였다. 튜닉은 머리부터 덮어쓰는 하얀 천으로 만들어진 의상으로, 영화나 드라마에서 쉽게 볼 수 있다. 중세 시대로 들어오면서 사람들은 위아래로 분리된 옷을 입게 되었으며, 귀족들을 중심으로 깃과 소매의 디자인이 크고 화려한 셔츠를 많이 입기 시작했다. 시대와 함께 유행이 변화하면서 깃은 크고 레이스를 접는 셔츠나 턱을 덮을 정도로 높은 하이넥 셔츠, 주름이 달린 셔츠 등 장식이 많은 디자인을 즐겨 입기 시작하였다.

하지만 당시 유행하던 옷들은 과도한 디자인으로 인해 식사를 하거나 일상생활을 하기에 불편함이 많았다. 이런 문제들로 인하여 단순한 형태의 셔츠 디자인이 증가하게 된 것이다. 19세기가 되자 세운 깃과 접는 깃 등 다양한 디자인이 탄생하였으며 19세기 말에야 오늘날의 와이셔츠와 같은 디자인이 자리 잡게 되었다.

✿ 왜 손수건은 정사각형일까

집이 아닌 장소에서 손을 씻을 때면 물기를 어떻게 닦아 내는가? 핸드 타월이 준비된 화장실도 있지만, 그렇지 않은 곳도 많다. 역시 손수건만 있다면 어디서나 편하게 해결할 수 있다.

손수건은 대부분 얇은 면 소재를 사용한다. 이외에도 직물을 가공하지 않은 상태인 생지나 린넨, 실크로 만들어진 손수건도 있다. 또한 색과 무늬가 다채롭기 때문에 적절한 가격 내에서 선택의 즐거움을 느낄 수 있는 패션 아이템 중 하나이다. 이처럼 손수건은 각각의 소재와 크기가 다르지만 모양은 판에 박힌 듯 모두 똑같은 정사각형 모양을 하고 있다. 들고 다닐 때의 편의성을 생각하면 매우 기능적인 모양이지만, 왜 이렇게 통일감 있는 형태로만 만들어지고 있을까? 손수건이 정사각형으로 통일된 이유는 한 여성의 취향이 강하게 반영된 것이라 전해진다.

그 사람의 이름은 바로 마리 앙투아네트다. 오스트리아 공주였던 마리 앙투아네트는 프랑스의 루이 16세와 결혼했고, 이후 프랑스 문화에 많은 영향을 준 인물로 전해진다. 그의 사치스러운 생활이 민중들의 반발을 초래하여 프랑스혁명의 발단이 되기도 했다.

당시 프랑스에서 사용되던 손수건의 모양은 네모, 세모, 동그라미 모양까지 제각각이었는데, 휘황찬란한 장식도 자유자재로 되어 있어 지금의 모습과 사뭇 달랐다. 하지만 그것이 마음에 들지 않았던 마리 앙투아네트는 '손수건은 정사각형이 좋다'라는 의견을 냈고, 이에 루이 16세가 '손수건은 가로와 세로를 동일한 크기로 한다'라는 법을 발표한 것이다. 선뜻 믿기 어려운 이유지만 그 후로 손수건은 정사각형 모양만 유통되어 그것이 오늘날까지 이어지고 있다.

✿ 오늘날 넥타이 모양이
만들어진 이유

　　양복 정장에 맞추어 와이셔츠의 옷깃을 장식하는 넥타이는 길이와 두께, 묶는 방법 등 유행과 취향에 따라 즐기는 방법이 다양하다. 넥타이의 원형은 중세 유럽에서 유행하던 '크라바트Cravate'라는 스카프로, 태양왕이라고 불리는 프랑스의 루이 14세Louis XIV가 널리 퍼뜨렸다고 전해진다. 그는 프랑스 부르봉 왕조에 전성기를 가져다주었을 뿐만 아니라, 문화와 예술을 사랑한 위대한 왕이었다.

　　특히 루이 14세는 패션에 관심이 많았다. 그는 궁정을 경비하는 용병의 장식이었던 스카프에 주목했고, 그 스카프를 왕궁의 재봉사에게 요청하여 자신의 패션으로 승화시켰다. 그리고 이것이 궁정을 방문한 국내외의 여러 제후들 사이에서 유행하면서 각국으로 널리 퍼지게 되었다. 크라바트는 프랑스어로 '크로아티아인'이라는 의미로, 그 용병이 크로아티아인이었다는 것에서 붙여진 이름이라고 한다.

시간이 지나 19세기 후반, 빅토리아 왕조였던 영국에 양복 정장 스타일이 정착하기 시작하면서 크라바트는 빼놓을 수 없는 패션 아이템이 되었다. 하지만 당시의 크라바트는 넥타이보다 스카프에 가까운 모양이었기에 단순한 정장에 착용하기에는 너무 화려하고 돋보였다. 이에 귀족이 목에 두르던 크라바트를 개량하여 매듭만 뗀 보타이나 두껍고 짧은 애스콧타이, 그리고 오늘날과 같은 포인핸드라는 타이까지 탄생하게 되었다.

루이 14세에 의해 세계적으로 퍼져나간 크라바트는 깔끔하고 세련된 멋을 좋아하는 영국 신사들을 위해 개량되었고, 지금과 같은 넥타이의 모양으로 정착하게 되었다.

✿ 영국 신사의 상징
실크해트의 비밀

루이스 캐럴Lewis Carrol의 작품 《이상한 나라의 앨리스》에는 '미치광이 모자 장수'를 뜻하는 '매드 해터mad hatter'라는 독특한 인물이 등장한다. 매드 해터는 모자의 끝이 평평하고 챙이 있는 원통형의 모자를 쓰고 있는데, 그 모자가 바로 실크해트silk hat이다.

영국 신사의 상징이라고도 할 수 있는 실크해트는 톱해트top hat의 한 종류이며 실크로 만들어졌다. 톱 해트를 언제부터 쓰기 시작했냐에 관해서는 여러 이야기가 있는데, 1760년에 피렌체에서 고안되었다는 설이나 1775년에 중국에서 탄생하였다는 설 등 다양한 이야기가 전해진다.

초기에 만들어진 톱 해트는 비버의 가죽으로 만들어진 고급품이었다. 여우 사냥을 하기 위해 말에 탄 귀족들이 낙마하였을 때의 충격으로부터 머리를 보호하기 위해 사용되었다고 한다. 톱 해트의 소재인 비버가 무분별한 남획으로 인해 멸종 위기에 놓이자 이를 대신하여 부드럽고 윤기 있는 실크를 사용하게 되었다고 전해진다.

오늘날 격식 있는 행사나 특별한 장소에서 양복 정장과 함께 착용하는 이미지가 강한 실크해트가 여우 사냥이라는 스포츠에서 사용된 일종의 스포츠웨어였다는 사실은 매우 의외의 이야기다. 하지만 당시 여우 사냥은 귀족에게만 허가된 고급 놀이였기에 평범한 스포츠웨어가 아니었다는 사실은 틀림없다.

모양으로 읽는 흔하지만 특별한 세상 이야기

✿ 연미복은 왜 제비
꼬리처럼 생겼을까

연미복은 남성 예복에서 가장 오랜 전통을 가진 옷 중 하나다. 공식적인 국가 모임이나 중요한 임명식 등에서 주로 입는다. 연미복의 가장 큰 특징은 상의의 뒷부분이 길고 두 개로 나뉘었다는 점이다. 이 모양만 봐도 연미복이라는 것을 바로 알아차릴 수 있을 만큼 독특한 디자인을 하고 있다. 연미를 한자로 쓰면 '燕尾'이며 '제비의 꼬리'라는 뜻을 가지고 있다.

연미복의 원형은 원래 영국에서 입던 승마복이라고 한다. 연미복은 말을 탈 때 발을 자유롭게 움직여 쉽게 걸터앉을 수 있도록 상의의 뒤쪽 옷자락이 두 갈래로 나누어졌다. 또 상의의 앞쪽은 움직임을 방해하지 않기 위하여 짧게 제작되었다. 당시 승마는 귀족들이 주로 즐기던 취미였는데,

직접 말을 타고 왕궁까지 간 뒤 바로 왕을 만나야 하는 경우도 있었다. 그래서 연미복은 승마를 위한 디자인이지만 예복으로 취급하게 되었다.

연미복을 영어로 표기하면 '스왈로 테일swallow-tail'이라고 하며 한자 표기와 마찬가지로 독특한 생김 그대로 제비의 꼬리라는 의미를 갖고 있다. 연미복은 여러 국가에서 군인을 제외한 남성에게 최고의 예복으로 여겨지며 두루 사랑받고 있다. 한편, 이에 준하는 양복 정장인 턱시도는 연미복의 특징인 긴 상의를 짧게 잘라 제작한 것으로, 미국과 유럽의 신사들에게 캐주얼한 복장으로 인기를 얻었다.

✿ 버버리 타탄체크 속에
담긴 역사 이야기

　　타탄체크는 치마나 머플러 등의 무늬로 큰 인기를 얻고 있다. 색과 두께가 다른 줄들을 겹쳐 만든 전통적인 느낌의 격자무늬로, 유행을 타지 않는 디자인이다. 스코틀랜드가 발상지인 '타탄체크'는 본고장인 영국을 비롯한 여러 국가에서 타탄체크가 아닌 '타탄'이라는 이름으로 주로 불린다. 스코트랜드에서는 타탄을 전통적인 무늬로 생각하며, 타탄체크를 사용하기 위해서는 엄격한 조건을 따라야 한다. 미리 타탄 등기소에 신청하여 등록하지 않으면 타탄이라고 칭할 수 없을 정도로 체계적인 관리를 하고 있다.

　　타탄은 16세기 스코틀랜드 지방에서 탄생하였다는 설이 가장 유력한데, 당시 민족의상에 타탄 무늬를 사용한 것이 시작이라고 전해진다. 스코틀랜드의 이름 있는 가문에서는 자신의 가문을 상징하는 '클랜 타탄clan tartan'이라는 타탄 무늬 의상을 몸에 걸치고, 때에 따라서는 전쟁터로 향하거나 가문의 행사에 참여하기도 하였다. 또 그 지역에 뿌리를 두는 전통 무늬인 '디스트릭트 타탄district tartan'도 있으며, 스코틀랜드 이외의 국가와 주, 도시 등이 각기 다른 공식적인 타탄 체크를 갖고 있는 경우도 많다. 심지어 군대용 '밀리터리 타탄military tartan'도 있는데, 특히 많은 사람에게 인기가 있는 블랙 워치black watch라는 검은색과 초록색의 타탄 무늬는 실제로 블랙 워치라는 부대의 이름을 그대로 따서 만든 밀리터리 타탄의 한 종류하고 전해진다.

　　그 밖에도 왕가가 사용한 로열 타탄이나 정중한 옷차림에 사용되는 드레스 타탄, 영국의 대표적인 브랜드 버버리가 사용하는 패션 타탄 등 끝이 없을 정도로 다양한 타탄이 존재한다. 색과 무늬의 조합에 각각의 의미가 있기 때문에 단순히 멋을 뛰어넘어 민족의 전통을 전달하는 소중한 패션이라고 할 수 있다.

✿ 하이힐은 아름다움을 위해 만들어지지 않았다?

하이힐은 오늘날 패션을 사랑하는 사람들에게 빼놓을 수 없는 중요 아이템이다. 신발의 뒷굽이 좁고 긴 하이힐은 스타일을 중시하는 여성이라면 한 번쯤 신어 본 경험이 있을 것이다. '도대체 저걸 신고 어떻게 서 있을까?'라는 생각이 들 정도로 얇고 긴 '핀 힐'을 신고 걸어 다니는 사람도 많다. 그 정도 아찔한 높이의 하이힐이 아니더라도 높은 구두를 신으면 다리가 예쁘고 길어 보이는 효과 덕에 기분이 좋아진다. 오늘날 많은 이들에게 사랑받는 하이힐이 탄생한 계기에는 아름다움과는 전혀 관계가 없는 사회적 배경이 있었다는데 사실일까?

요즘처럼 발등이 보이는 펌프스 타입의 하이힐이 탄생한 17세기의 프랑스는 현재와 비교하면 믿을 수 없을 정도로 위생 상태가 좋지 않았다. 화장실이 존재하지 않아 사람들은 변기처럼 생긴 용기에 볼일을 봤는데, 모아진 오물을 함부로 버리는 고약한 무리도 있었다. 그래서 거리를 걸을 때면 오물에 양복 정장이 더러워지지 않도록 주의를 기울여야만 했다. 옷자락이 긴 치마를 입은 여성들은 뒤꿈치가 높은 구두를 신어서 옷이 더러워지는 것을 방지했다고 한다. 이것이 바로 하이힐의 시작이라는 것이다.

　이 이야기의 진위는 밝혀지지 않았지만, 오늘날 하이힐이 패션으로 받아들여지면서 꾸준히 유행하게 된 사실은 명백하다. 더불어 하이힐의 유행에 큰 역할을 한 인물은 태양왕이라 불리는 루이 14세였다. 작은 키가 콤플렉스였다는 그는 사람들 앞에 나설 때 자신의 스타일이 잘 보이도록 하이힐을 신었다고 한다. 프랑스의 루브르 박물관에 소장된 루이 14세의 초상화에도 그는 타이츠에 하이힐을 신은 모습이다. 당시 귀족들은 정치뿐만 아니라 문화나 예술 분야에서도 절대적 영향력을 행사했던 왕을 따라 하기 위해 노력했고, 그에 따라 성별과 관계없이 하이힐을 유행처럼 신게 되었다.

✿ 일본의 탄산음료
라무네 병의 비밀

　　일본에는 독특한 방식으로 열어 마시는 탄산음료가 있다. 입구의 유리구슬 마개를 병 안으로 밀어 넣어 마시는 '라무네'라는 이름의 음료다. 여름을 대표하는 상품이며, 지역 축제 등에서 아이들에게 특히 인기가 많다. 병 안으로 들어간 유리구슬이 데굴데굴 구르는 소리도 굉장히 듣기 좋은데, 이 구슬이 그저 뚜껑의 용도라면 다른 음료처럼 알루미늄 뚜껑을 사용하면 되지 않았을까?

　　사실 라무네 음료가 유리구슬을 마개로 하는 이유는 그 제작 방법과 관련이 있다. 라무네를 제작할 때는 먼저 병에 소다 맛 시럽을 주입한 다음 병에서 공기가 빠져나가는 길을 막은 후, 탄산수를 단숨에 충전한다. 그리고 공기가 완전히 빠지고 병에 탄산수가 가득 찬 순간, 재빠르게 병을 뒤

집는다. 그러면 유리구슬이 병 속의 압력으로 인해 안쪽에서 고무 입구 부분에 단단히 맞추어진다. 라무네 병의 특징이라고 할 수 있는 허리 중앙의 잘록한 부분은 유리구슬이 입구로 떨어지는 속도를 조금이라도 빠르게 할 수 있도록 떨어지는 길이를 짧게 하기 위해 연구한 결과라고 한다.

원래 코르크 마개를 뚜껑으로 쓰던 라무네 병은 탄산이 너무 쉽게 빠진다는 결점을 보완하기 위해 1872년, 영국에서 발명된 유리구슬 마개를 사용하게 되었다. 그 후 일본에서도 유리구슬 뚜껑의 라무네 병을 제조하기 시작하면서 서민들이 쉽게 접할 수 있는 음료로 일본 전국에 보급되었다.

✪ 위성 안테나가
접시 모양인 이유

　　위성을 통해 데이터를 수집하는 거대한 접시 모양의 안테나를 떠올려 보자. 기관이나 건물 등에 주로 설치되는 이 안테나는 '파라볼라 안테나parabola antenna'라고 불리며, 우주에서 오는 어렴풋한 전파를 잡기 위해 그 크기가 점점 커지고 있다. 일본에서 가장 큰 안테나는 나가노현 사쿠시에 위치한 JAXA의 우스다 우주공간측소에 있는 직경 64m의 거대 안테나이다.

　　접시 안테나는 가정용, 업무용 등 용도와 관계없이 대부분 하얀색 밥공기와 닮은 모양을 하고 있다. 밥공기 모양은 수신용 안테나에서 평행으로 날아오는 전파를 수집하여 중심에 설치된 안테나 축에 집중시키는 역할을 한다. 밥공기의 안쪽에는 주반사기와 부반사기가 있는데, 밥공기 형태의 곡선을 활용하여 수신 장치에 전파를 집중시킨다. 발신하는 경우에도 밥공기 중앙에 위치한 안테나 축 한곳에 집중시킴으로써 더 효율적으로 전파를 내보낼 수 있다.

텔레비전 등의 전파를 수취하거나 우주로부터 전파를 수취할 때 기본적인 방법은 같지만 더 많은 전파를 모으기 위해서는 전파를 수용하는 밥공기 부분을 크게 할 필요가 있다. 이 때문에 연구 기관의 안테나가 점점 더 커지고 있는 것이다.

또한 안테나의 흰색 바탕 역시 의미가 있다. 흰색이 태양으로부터 오는 열을 반사하는 효과가 있기 때문에 옥외라는 공간에 적합한 것이다. 반대로 짙은 색은 열을 잘 모으기 때문에 안테나의 색으로는 적합하지 않다.

☼ 만두에는 마음이 담겨 있다

　만두는 우리나라뿐만 아니라 중국, 일본에서도 사랑 받는 음식이다. 중국에서 설에 먹는 명절 음식이라고 하면 분명 호화롭고 화려한 음식일거라 생각하지만, 실제로는 대표적인 서민 음식이라 할 수 있는 만두를 많이 먹는다. 중국 북부에서는 섣달그믐이 되면 중국의 구정인 춘절 준비에 쫓기면서도 직접 만두를 빚어 먹는 집이 많다.

　만두를 새해의 평화를 기원하는 음식이라고 생각하는 이유는 크게 두 가지이다. 첫 번째는 바로 만두의 모양 때문이다. 만두는 동그란 피의 중앙에 만두소를 올리고 피를 반으로 접어 밀봉한 음식이다. 이러한 만두의 모양은 옛 중국의 화폐인 '원보은'을 모방하였다고 전해진다. 만두를 만들 때 주름을 잡는 이유도 원보은의 모양과 더 비슷하게 만들기 위해서라고 한다. 즉, 만두에는 금전운이 따라오길 바라는 마음이 담겨 있는 것이다.

두 번째는 만두는 중국어로 '쟈오쯔'라고 부르는데, 그와 발음이 같은 '교자交子'라는 단어에는 '아이를 주신다'라는 의미가 담겨 있다. 금전운과 자손 번영은 한 해를 시작하며 기원하기 좋은 주제일 것이다.

참고로 원보은과 비슷하게 보이도록 만든 주름은 만두를 더 맛있게 하는 역할도 한다. 주름을 만들면 피가 맞닿는 부분이 딱 달라붙기 때문에 육즙이 밖으로 넘치지 않는다. 또한 만두를 가열하면 피 안의 만두소가 팽창하는데 주름이 있는 만두는 피 안에 여유 공간이 있어 만두소가 팽창해도 잘 찢어지지 않는다. 좋은 일을 바라는 마음과 맛을 모두 겸비한 만두는 오늘날 세계적인 사랑을 받고 있다. 가끔은 설을 맞아 가족과 함께 손수 빚은 만두를 먹는 것도 즐거운 일일 것이다.

✿ 차밭 모양이 롤케이크를
닮은 이유

봄이 지나고 여름이 다가올 즈음이면 찻잎을 따는 계절이 시작된다. 아름다운 초록빛이 가득한 차밭의 모습을 자세히 살펴보면 허리 높이 정도의 차나무가 롤케이크를 가로로 자른 모양처럼 가지런히 정돈된 모습을 볼 수 있다. 대부분의 차나무 밭은 산의 완만한 경사면에 위치하는데, 초록색 차나무가 계단식으로 무성하게 펼쳐진 모습은 봄의 끝을 상징하는 풍경이라고도 말한다. 차밭이 이런 모습으로 관리되는 것에는 합리적인 이유가 존재한다.

차는 찻잎의 새싹을 수확하여 건조하는 방식으로 생산된다. 즉, 새싹이 많으면 찻잎의 수확량도 증가하는 것이다. 그래서 이랑을 원기둥을 반으로 자른 형태로 만들었고 그 모습이 롤케이크 모양과 흡사하다. 이렇게 나무의 표면적을 늘린 모양으로 차밭이 형성된 것이다. 표면적이 넓어지면 그만큼 햇빛이 드는 부분이 많아지기 때문에 새싹이 더 잘 성장할 수 있다.

오늘날에는 찻잎을 따는 기계가 있어 사람이 손으로 수확할 때보다 더 빠르게 수확이 가능하다. 경사가 급한 곳이나 기계가 들어가지 못하는 좁은 장소에는 사람이 기계와 가위를 사용하여 수확하고, 평평한 곳에서는 사람이 운전하는 수확기로 빠르게 수확한다. 수확하는 기계의 칼날은 반으로 자른 롤케이크 모양의 이랑에 따라 설계되어 있어 새싹만 골라 수확할 수 있다.

기계화되기 전에는 사람들이 바구니를 들고 손으로 직접 찻잎을 수확했기 때문에 오늘날의 차밭과는 조금 다른 모습이었다. 사람들이 차나무 주위를 돌면서 수확했기 때문에 만주빵과 같은 동글동글한 형태로 나무의 모양이 정돈되었는데, 이는 손이 닿는 범위에서 효율적으로 찻잎을 딸 수 있도록 고안된 결과이다. 세상의 변화에 따라 눈에 비치는 풍경이 변해가는 모습이라 할 수 있다.

알아두면 쓸모 있는 모양 잡학사전

익숙한 모양에 숨은 디자인 이야기

초판 발행 2022년 2월 28일
펴낸곳 유엑스리뷰
발행인 현호영
지은이 지적생활추적광
옮긴이 오정화
편 집 송희영
주 소 서울시 마포구 백범로 35, 서강대학교 곤자가홀 1층
팩 스 070.8224.4322
이메일 uxreviewkorea@gmail.com

ISBN 979 – 11 – 92143 – 11 – 8

DONUTS NO ANA HA NANNOTAME? 'KATACHI'NO ZATSUGAKU JITEN

by Chitekiseikatsu Tsuisekihan